管·理·落·地·笔·记·系·列

商场超市管理
极简落地工作图解

时代华商企业管理培训中心
组织编写

Minimalist Landing
Work Diagram

化学工业出版社
·北京·

内容简介

《商场超市管理极简落地工作图解》一书内容涵盖了商场超市管理的多个方面，包括商场超市管理的基础工作、战略规划与执行、商品管理与优化、采购与供应链管理、定价策略与营销推广、顾客服务与体验升级、团队管理与人才培养、全员防损与安全应急、数字化与智能化转型等。本书通过图表分解的形式，将复杂的管理工作变得通俗易懂，让读者能够一目了然地掌握各项工作的关键要点和操作流程。

本书可供商场超市管理者、零售运营人员、零售企业战略规划师、采购与供应链专家、市场营销人员，以及关注商场超市行业发展的专业人士阅读参考。

图书在版编目（CIP）数据

商场超市管理极简落地工作图解 / 时代华商企业管理培训中心组织编写． -- 北京：化学工业出版社，2025.4．--（管理落地笔记系列）． -- ISBN 978-7-122-47524-4

Ⅰ．F717-64

中国国家版本馆CIP数据核字第2025R1D306号

责任编辑：陈 蕾	文字编辑：史燕妮 杨振美
责任校对：李 爽	装帧设计：溢思视觉设计（E-mail: isstudio@126.com）/ 程超

出版发行：化学工业出版社（北京市东城区青年湖南街13号 邮政编码100011）
印　　装：三河市双峰印刷装订有限公司
787mm×1092mm　1/16　印张14¾　字数289千字　2025年5月北京第1版第1次印刷

购书咨询：010-64518888　　　　　　　　售后服务：010-64518899
网　　址：http://www.cip.com.cn
凡购买本书，如有缺损质量问题，本社销售中心负责调换。

定　价：78.00元　　　　　　　　　　　　　　　　　版权所有　违者必究

前　言

在当今竞争激烈的零售市场中，商场超市（简称商超）作为连接消费者与商品的桥梁，其管理水平的高低直接关系到企业的生存与发展。然而，传统的商超管理方式往往烦琐复杂，难以适应快速变化的市场需求。

对于商超管理者来说，加强商超管理是实现持续发展和提升竞争力的关键所在。为了帮助商超管理者实现高效、简洁的管理，我们精心编写了本书，旨在帮助商超管理者提高运营效率、增加经济效益、提升市场竞争力、促进可持续发展以及保障消费者权益。

本书旨在通过简洁明了的方式，对商超管理的核心工作、关键流程和实用技巧进行梳理和呈现，帮助管理者快速掌握商超管理的精髓，实现管理工作的极简化和高效化。

本书的特色与优势主要体现在以下几个方面：

◇极简风格：本书采用极简主义风格，去除冗余内容，只保留最核心、最实用的商超管理知识和技巧，方便商超管理人员快速查阅和学习。

◇实战导向：书中内容紧密结合商超管理的实际情况，通过大量实际案例和经验分享，帮助商超管理人员更好地理解和应用商超管理知识。

◇系统全面：本书覆盖了商超管理工作的各个方面，从商超的类别与管理内容、商超组织架构设计到商超管理各项工作的执行都有所涉及，为商超管理人员提供了一套完整的工作体系。

◇易于落地：本书中的方法和工具都经过精心筛选和验证，具有很强的可操作性和可落地性，商超管理人员可以直接应用于实际工作中。

本书的内容涵盖了商超管理的多个方面，包括商超管理概述、战略规划与执行、商品管理与优化、采购与供应链管理、定价策略与营销推广、顾客服务与体验升级、团队管理与人才培养、全员防损与安全应急、数字化与智能化转型等。此外，本书还通过图表分解的形式，将复杂的管理工作变得通俗易懂，让读者能够一目了然地掌握各项工作的关键要点和操作流程。

在编写过程中，我们注重实用性和可操作性，力求做到内容精练、语言简洁、图表清晰。同时，我们也充分考虑了不同规模和类型商超的管理需求，力求使本书具有广泛的适用性和参考价值。

我们相信，通过对本书的学习，读者能够迅速掌握商超管理的核心技能，为企业的持续发展注入新的活力。同时，我们也期待读者能够将所学知识与实际工作相结合，不断创新和改进管理方法，共同推动商超行业的繁荣发展。

最后，感谢所有为本书编写和出版付出辛勤努力的同事和朋友们。希望本书能够成为商超管理者的得力助手，为企业的发展保驾护航。

编　者

目 录

导读一 商场超市管理提升课程安排 ··· 1

导读二 商场超市管理人员学习指南 ··· 3

导读三 培训老师使用指南 ·· 4

第一章 商场超市管理概述 ·· 5

第一节 商场超市与商场超市管理 ··· 6

一、商场超市的定义及特点 ·· 6

二、商场超市的类别 ··· 6

三、商场超市的发展趋势 ··· 8

四、商场超市管理的内容 ··· 9

第二节 商场超市管理的基础工作 ·· 10

一、商场超市组织架构设计 ··· 10

二、商场超市制度化管理 ·· 13

三、商场超市流程化管理 ·· 16

四、商场超市标准化管理 ·· 19

五、商场超市信息化管理 ·· 21

第二章 战略规划与执行 ··· 25

第一节 制订年度经营计划 ··· 26

一、确定企业战略目标 ··· 26

二、分析市场和竞争环境 ·· 27

三、制定销售目标 ·· 28

四、制订运营计划 ·· 29

　　　　五、制订人力资源计划 30
　　　　六、制定财务预算 31
　　　　七、监控和调整 33
　　　　八、评估和反馈 34

　　第二节　执行总部战略 35
　　　　一、明确战略方向和愿景 35
　　　　二、建立有效的沟通机制 36
　　　　三、打造强有力的执行团队 36
　　　　四、强化监督和评估机制 36
　　　　五、塑造积极的企业文化 36
　　　　六、灵活应对市场变化 37
　　　　七、以身作则，发挥示范作用 37

第三章　商品管理与优化 38

　　第一节　配置商品品类 39
　　　　一、商品销售的法则 39
　　　　二、商品分类的原则 39
　　　　三、商品优选的原则 40

　　第二节　优化商品组合 41
　　　　一、商品组合的方式 41
　　　　二、商品组合的类型 41
　　　　三、商品组合的优化 42

　　第三节　调整商品结构 43
　　　　一、调整商品结构的好处 44
　　　　二、调整商品结构的前提 44
　　　　三、调整商品结构的依据 44

　　第四节　商品艺术陈列 46
　　　　一、商品陈列区域的划分 46

二、商品陈列的规划 ……………………………………………………………… 46

　　三、商品陈列的原则 ……………………………………………………………… 49

　　　　相关链接　能够让顾客"显而易见"的陈列位置 ………………………… 51

　　四、商品陈列的方法 ……………………………………………………………… 54

　　　　相关链接　卖场陈列的艺术化趋势 ……………………………………… 63

第五节　引进新商品 …………………………………………………………………… 64

　　一、新商品的概念 ………………………………………………………………… 64

　　二、新商品引进的作用 …………………………………………………………… 65

　　三、新商品引进的原则 …………………………………………………………… 65

第六节　淘汰滞销商品 ………………………………………………………………… 68

　　一、滞销商品的特征 ……………………………………………………………… 68

　　二、滞销商品的辨识 ……………………………………………………………… 68

　　三、滞销商品的处理 ……………………………………………………………… 69

第四章　采购与供应链管理 …………………………………………………………… 71

第一节　供应商管理 …………………………………………………………………… 72

　　一、供应商的开发 ………………………………………………………………… 72

　　二、供应商的选择条件 …………………………………………………………… 73

　　三、供应商的评价考核 …………………………………………………………… 77

　　　　相关链接　××超市供应商评价表 ……………………………………… 78

　　四、与供应商双向沟通 …………………………………………………………… 78

　　五、对供应商实施有效激励 ……………………………………………………… 79

　　六、供应商的适时淘汰 …………………………………………………………… 80

第二节　采购过程控制 ………………………………………………………………… 81

　　一、采购计划的制订 ……………………………………………………………… 81

　　二、采购业务的洽谈 ……………………………………………………………… 82

　　　　相关链接　采购谈判的10个技巧 ………………………………………… 85

　　三、采购合同的签订 ……………………………………………………………… 86

　　四、采购合同的日常管理 ………………………………………………………… 88

第三节　供应链协同管理···89
一、供应链协同管理的必要性···89
二、供应链协同管理的主要内容···89
三、供应链协同管理的实现路径···90
四、供应链协同管理策略···93

第五章　定价策略与营销推广···95

第一节　商品定价策略···96
一、成本导向定价策略···96
二、市场导向定价策略···97
三、消费者导向定价策略···99
四、促销导向定价策略···101
五、综合定价策略···102

第二节　卖场促销管理···103
一、促销商品的选择···103
二、常见的促销模式···103
三、常用的促销工具···105
四、促销活动的策划···108
五、促销人员的管理···109
六、促销效果的评估···111

第三节　社交媒体营销···115
一、内容营销···115
二、互动营销···117
三、广告投放···118
四、直播带货···120

第六章　顾客服务与体验升级···124

第一节　建立售后服务体系···125
一、明确售后服务目标···125

二、制定售后服务政策 ……………………………………………… 126
　　三、建立售后服务团队 ……………………………………………… 127
　　四、优化售后服务流程 ……………………………………………… 128
　　五、提供多渠道售后服务 …………………………………………… 130
　　六、加强售后服务监督与改进 ……………………………………… 130

第二节　妥善处理顾客投诉 ……………………………………………… 132
　　一、顾客投诉的原因 ………………………………………………… 132
　　二、处理顾客投诉的流程 …………………………………………… 134
　　三、处理顾客投诉的技巧 …………………………………………… 136
　　四、预防顾客投诉的措施 …………………………………………… 137

第三节　建立顾客会员制度 ……………………………………………… 139
　　一、明确会员制度目标 ……………………………………………… 139
　　二、设计会员制度内容 ……………………………………………… 140
　　三、简化会员注册流程 ……………………………………………… 141
　　四、加强宣传与推广 ………………………………………………… 141
　　五、持续优化与改进 ………………………………………………… 141

第四节　提升顾客购物体验 ……………………………………………… 141
　　一、空间布局合理 …………………………………………………… 141
　　二、设施完善便捷 …………………………………………………… 142
　　三、美化购物环境 …………………………………………………… 143
　　四、提升商品品质 …………………………………………………… 144
　　五、引入科技元素 …………………………………………………… 145
　　　　相关链接　商场智能导视系统提升顾客体验 ………………… 146
　　六、关注特殊顾客需求 ……………………………………………… 147

第七章　团队管理与人才培养 …………………………………………… 149

第一节　员工招聘与选拔 ………………………………………………… 150
　　一、招聘需求分析 …………………………………………………… 150
　　二、优化招聘流程 …………………………………………………… 151

三、关注面试环节 ··· 152
　　四、选拔人才的标准 ··· 153
　　五、选拔人才的方法 ··· 155

第二节　员工培训与发展 ··· 156
　　一、新员工培训 ··· 156
　　二、在职员工培训 ··· 158
　　三、培训后的转化 ··· 159

第三节　员工绩效与评估 ··· 161
　　一、绩效考核的目的 ··· 161
　　二、制定绩效考核标准 ··· 163
　　三、绩效考核的实施阶段 ··· 164
　　四、绩效考核结果的应用 ··· 167

第四节　员工激励与留存 ··· 169
　　一、建立完善的工作体系 ··· 169
　　二、培育良好的工作氛围 ··· 170
　　三、进行充分授权 ··· 171
　　四、设计合理薪酬 ··· 173
　　五、完善晋升制度 ··· 176

第八章　全员防损与安全应急 ·· 178

第一节　实行全员防损 ··· 179
　　一、零售业损耗产生的原因 ··· 179
　　二、全员防损的概念 ··· 180
　　三、全员防损的措施 ··· 181
　　四、全员防损的要点 ··· 183
　　　　相关链接　××超市全员防损工作方案 ············· 185

第二节　商品损耗控制 ··· 188
　　一、商品损耗类别 ··· 188

二、自然损耗的控制措施 ·· 189

　　三、人为损耗的控制措施 ·· 191

　　四、技术损耗的控制措施 ·· 193

第三节　卖场安全管理 ·· 195

　　一、购物环境安全管理 ·· 195

　　二、消防安全管理 ·· 196

　　三、用电安全管理 ·· 197

　　四、商品与货架安全管理 ·· 198

　　五、顾客与员工安全管理 ·· 200

第四节　突发事件应对与处理 ·· 201

　　一、突发事件的类型 ·· 201

　　二、安全类突发事件的应对 ·· 202

　　三、顾客服务类突发事件的应对 ·· 202

　　四、商品管理类突发事件的应对 ·· 203

　　五、设施设备类突发事件的应对 ·· 203

　　六、自然灾害类突发事件的应对 ·· 203

第九章　数字化与智能化转型 ·· 205

第一节　数字化在商场超市管理中的应用 ·· 206

　　一、供应链管理优化 ·· 206

　　二、门店智能化运营 ·· 207

　　三、线上线下融合发展 ·· 209

　　四、顾客体验提升 ·· 210

　　五、数字化管理工具应用 ·· 211

第二节　智能收银系统的应用 ·· 213

　　一、引入智能收银系统的优势 ·· 213

　　二、选择智能收银系统需考虑的要素 ·· 213

第三节　大数据与顾客行为分析 ·· 215

　　一、商场超市大数据的定义 ·· 216

二、商场超市大数据与"购物的科学" …………………………………… 216
三、顾客行为分析的内容 …………………………………………………… 217
四、顾客行为分析结果的应用 …………………………………………… 219

第四节　向OAO新零售模式转型 …………………………………………… 221
一、何为OAO模式 …………………………………………………………… 221
二、OAO模式的核心价值 ………………………………………………… 221
三、OAO模式的优势 ……………………………………………………… 222
四、OAO模式的运作方式 ………………………………………………… 222
五、OAO模式的实现途径 ………………………………………………… 223

导读一　商场超市管理提升课程安排

第一章　商场超市管理概述

- ☐ 商场超市与商场超市管理
- ☐ 商场超市管理的基础工作

时间安排：

第二章　战略规划与执行

- ☐ 制订年度经营计划
- ☐ 执行总部战略

时间安排：

第三章　商品管理与优化

- ☐ 配置商品品类
- ☐ 优化商品组合
- ☐ 调整商品结构
- ☐ 商品艺术陈列
- ☐ 引进新商品
- ☐ 淘汰滞销商品

时间安排：

第四章　采购与供应链管理

- ☐ 供应商管理
- ☐ 采购过程控制
- ☐ 供应链协同管理

时间安排：

第五章　定价策略与营销推广

- ☐ 商品定价策略
- ☐ 卖场促销管理
- ☐ 社交媒体营销

时间安排：

第六章　顾客服务与体验升级

- ☐ 建立售后服务体系
- ☐ 妥善处理顾客投诉
- ☐ 建立顾客会员制度
- ☐ 提升顾客购物体验

时间安排：

导读一　商场超市管理提升课程安排

第七章　团队管理与人才培养

- ☐ 员工招聘与选拔
- ☐ 员工培训与发展
- ☐ 员工绩效与评估
- ☐ 员工激励与留存

时间安排：

第八章　全员防损与安全应急

- ☐ 实行全员防损
- ☐ 商品损耗控制
- ☐ 卖场安全管理
- ☐ 突发事件应对与处理

时间安排：

第九章　数字化与智能化转型

- ☐ 数字化在商场超市管理中的应用
- ☐ 智能收银系统的应用
- ☐ 大数据与顾客行为分析
- ☐ 向OAO新零售模式转型

时间安排：

说明：以上PPT图片文档可供读者检测自学效果，也可供培训老师作为课件使用。

导读二　商场超市管理人员学习指南

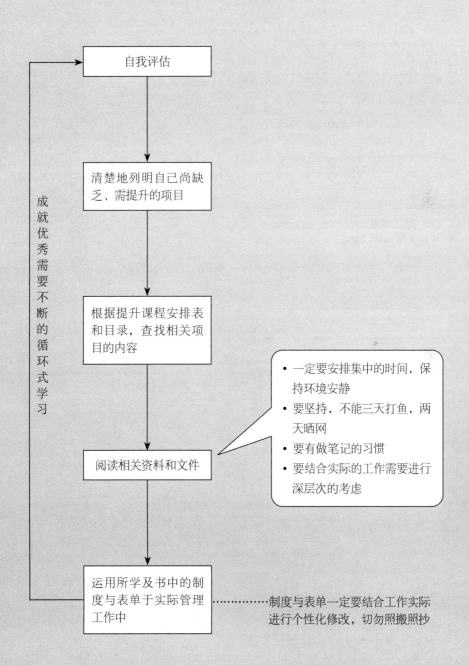

导读三　培训老师使用指南

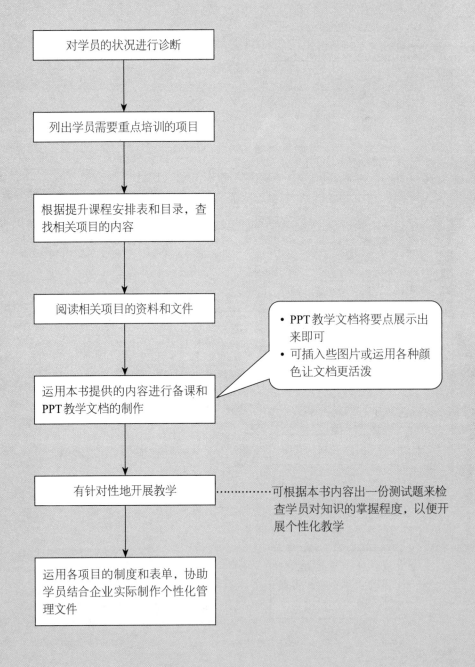

第一章

商场超市管理概述

第一节　商场超市与商场超市管理

一、商场超市的定义及特点

1.何谓商场超市

商场超市，简称商超，是指商品种类齐全的大型零售超市，在一定范围内提供一站式服务，让顾客可以在一个地方购买所需的商品，并在一定程度上满足顾客的需求。

2.商场超市的特点

商超通常具有图1-1所示的特点。

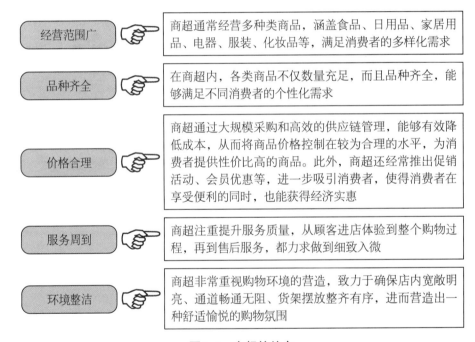

图1-1　商超的特点

二、商场超市的类别

商超的类别可以从多个维度进行划分，以下是根据经营模式、商品种类和规模模式等维度对商超进行的主要分类。

1.按经营模式划分

按经营模式划分，商超可分为图1-2所示的几个类别。

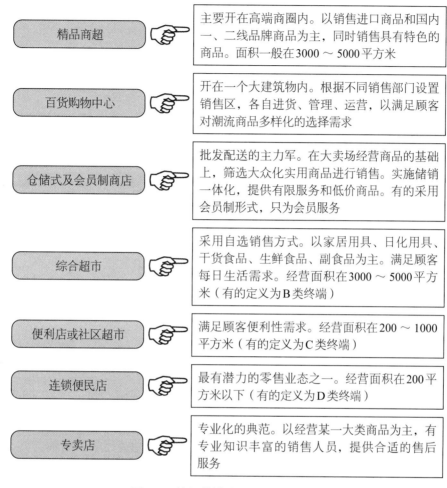

图1-2 按经营模式划分的商超类别

2.按商品种类划分

按商品种类划分，商超可分为图1-3所示的几个类别。

图1-3 按商品种类划分的商超类别

3. 按规模模式划分

按规模模式划分，商超可分为图1-4所示的几个类别。

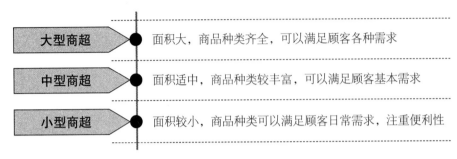

图1-4 按规模模式划分的商超类别

此外，商超还可以根据市场定位、服务人群等因素进一步细分。在实际经营中，商超企业会根据市场需求和自身资源情况选择合适的经营模式和商品种类组合，以形成独特的竞争优势。

三、商场超市的发展趋势

商超作为现代零售业的重要组成部分，在城市化进程中起到了重要的作用。它们通过提供多样化商品和优质服务，满足了消费者的日常购物需求。同时，商超也在不断探索创新发展模式，以适应市场和消费者需求的变化。

商超的发展呈现出数字化转型、社区化布局、绿色与可持续发展、体验式消费以及创新与差异化竞争等趋势（如表1-1所示）。这些趋势将推动商超行业不断向前发展，为消费者提供更加便捷、高效、个性化的购物体验。

表1-1 商超的发展趋势

序号	趋势	说明
1	数字化转型	（1）全渠道融合：商超正积极拥抱数字化转型，通过线上平台、社交媒体、移动应用等渠道，实现线上线下无缝对接，为消费者提供全方位的购物体验 （2）智能化技术应用：利用大数据、人工智能、物联网等技术，商超可以精准分析消费者需求，优化供应链管理，提高运营效率，同时提供更加个性化的服务
2	社区化布局	（1）社区超市兴起：随着城市化进程的加速和消费者需求的多样化，社区超市逐渐成为商超发展的新趋势。它们以便利性、有亲和力和个性化服务为特点，满足社区居民的日常购物需求 （2）本地化采购与营销：商超越来越注重本地化采购，以满足消费者对新鲜、健康、特色商品的需求。同时，通过本地化营销活动，商超能够增强与社区居民的互动和黏性

续表

序号	趋势	说明
3	绿色与可持续发展	（1）绿色消费理念：随着消费者对环保和可持续发展的关注度不断提高，商超也在积极践行绿色消费理念。通过推广绿色商品、减少包装浪费、实施节能减排等措施，商超致力于为消费者提供更加环保、健康的购物环境 （2）绿色供应链管理：商超正在加强绿色供应链管理，从源头把控商品质量，减少环境污染和资源浪费。通过与供应商合作，共同推动绿色生产和可持续发展
4	体验式消费	（1）打造体验式消费场景：商超不再仅仅是一个购物场所，更是一个集购物、休闲、娱乐于一体的体验式消费空间。通过引入餐饮、娱乐、文化等业态，商超能够为消费者提供更加丰富的消费体验 （2）提升服务质量与购物体验：商超正在不断提升服务质量，通过优化购物环境、提高员工素质、加强售后服务等措施，为消费者提供更加优质的购物体验
5	创新与差异化竞争	（1）创新商品与服务：商超正积极引入创新商品和服务，以满足消费者日益多样化的需求。例如，引入进口商品、引入特色商品、开展定制服务等，提升商品差异化竞争力 （2）差异化竞争策略：面对激烈的市场竞争，商超正在寻求差异化竞争策略。通过精准定位、特色经营、品牌塑造等方式，打造独特的品牌形象，提升市场竞争力

四、商场超市管理的内容

为确保正常运营和高效管理，商超管理的内容广泛且复杂，涉及多个方面。详细归纳商超管理的内容如表1-2所示。

表1-2　商超管理的内容

序号	业务类别	业务说明
1	员工管理	（1）招聘与培训：商超需要招聘合适的员工，包括收银员、促销员、理货员等，并对其进行必要的培训，以提升员工的专业技能和服务水平 （2）规章制度：制定并执行严格的员工规章制度，包括工作时间、考勤管理、薪资管理、休假制度等，以确保员工行为符合商超要求 （3）安全管理：确保员工熟悉工作区域内的灭火装置位置及应急设备使用方法，遵守安全操作说明，防止安全事故的发生
2	商品管理	（1）库存管理：使用现代化仓库管理系统（WMS），如简道云，进行实时库存跟踪、出入库管理和库存预警，确保库存数据的准确性。同时，采用先进先出（FIFO）原则，防止商品过期或损坏 （2）商品陈列：按照规范进行商品陈列，确保货架和柜台干净整洁，商品摆放有序，方便顾客选购 （3）价格管理：掌握商品标价知识，正确打印并粘贴价格标签，并根据市场需求和竞争情况调整价格策略

续表

序号	业务类别	业务说明
3	销售管理	（1）促销活动：根据库存情况和市场需求，制定合理的促销与折扣策略，吸引消费者购买，提升商品周转率 （2）销售数据分析：定期分析销售数据，监控不同商品的销售趋势，识别销售高峰和低谷，以便提前做好补货准备
4	供应商管理	（1）供应商选择：选择信誉良好、产品质量可靠的供应商，与其建立长期合作关系 （2）采购管理：优化采购流程，通过采购系统和数据分析制订采购计划，减少不必要的采购 （3）供应链优化：提高物流效率，缩短货物运输时间，降低库存成本
5	客户服务管理	（1）服务态度：商超员工应热情、耐心地对待顾客，提供优质的购物体验 （2）售后服务：处理消费者投诉，确保顾客满意度。对于退换货等问题，应妥善处理解决
6	财务管理	（1）账款管理：跟踪应收账款的发票对账及账款回收工作，控制账款回收风险 （2）成本控制：合理控制各项成本支出，包括人力成本、运营成本等，以提高商超的盈利能力
7	安全与卫生管理	（1）安全管理：确保商超内的消防设备完好并能正常使用，定期进行安全检查 （2）卫生管理：保持商超内的环境整洁干净，定期对货架、柜台、地面等进行清洁消毒

综上所述，商超管理的内容涵盖了员工、商品、销售、供应商、客户服务、财务以及安全与卫生等多个方面。这些管理内容的有效实施可以确保商超的正常运营和高效管理，提升顾客满意度和商超的盈利能力。

第二节　商场超市管理的基础工作

一、商场超市组织架构设计

商超组织架构的设计是商超运营的基础，涉及商超内部各个部门的设置、职责划分以及协作关系。一个合理的组织架构能够提高商超的运营效率，确保各项工作顺利进行。

1.组织架构设计的原则

商超企业在设计组织架构时，需要综合考虑企业的战略目标、业务规模、市场环境以及内部管理需求等多个因素。图1-5为组织架构设计的原则。

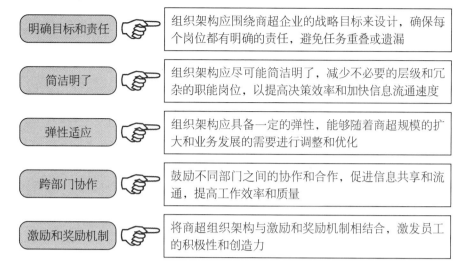

图1-5 组织架构设计的原则

2.组织架构设计的方案

（1）高层管理团队

总经理：负责全面主持商超企业的日常经营管理工作，制定和实施企业战略计划。

副总经理：协助总经理工作，分管不同业务领域，如营销、总务、现场管理等。

（2）总部组织架构

总部是商超的决策和管理中心，负责制定整体经营策略和管理政策。总部组织架构通常涵盖表1-3所示的几个部门。

表1-3 总部组织架构涵盖的部门

序号	部门名称	职责说明
1	市场营销部	（1）负责市场调研、竞争分析、制定销售策略和促销计划 （2）负责品牌建设和广告推广，提高商超知名度和美誉度
2	采购部	（1）负责商品采购、供应商谈判和合作，确保商超有足够的货源 （2）负责商品质量监控和价格谈判，降低采购成本，提高商品质量
3	财务部	（1）负责商超的财务管理、预算编制和成本控制 （2）负责资金运作和报表编制，确保财务状况稳健
4	人力资源部	（1）负责员工招聘、薪酬管理、绩效考核和员工培训 （2）负责制定人力资源政策和制度，提高员工满意度和忠诚度
5	行政部	负责企业日常行政事务管理，如对外关系协调、证件办理和保管等
6	企划部	负责企业品牌策划、市场推广和促销活动的设计与实施
7	物流部	（1）负责商品配送和仓储管理，确保商品及时、安全地送达门店 （2）负责优化物流网络和降低物流成本

续表

序号	部门名称	职责说明
8	客服部	（1）负责解决顾客的投诉问题，提高顾客满意度 （2）负责维护商超品牌形象和口碑
9	现场管理部	负责商超内员工纪律检查、柜台道具检查、安全保卫和清场等工作，确保商超的正常运营

（3）门店组织架构

门店是商超的销售和服务窗口，负责具体的商品销售和服务工作。门店组织架构通常包括图1-6所示的几个岗位。

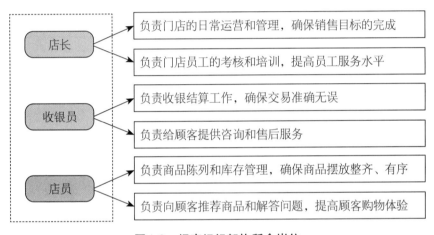

图1-6　门店组织架构所含岗位

3.跨部门协作与沟通

在商超各组织架构中，各个部门之间需要密切协作和沟通，共同推动商超的发展。跨部门协作与沟通可以通过图1-7所示的途径来完成。

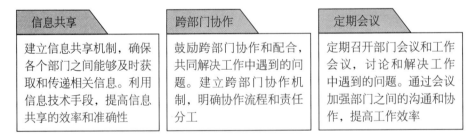

图1-7　跨部门协作与沟通途径

4.组织架构的调整与优化

随着商超企业的发展和市场环境的变化，组织架构可能需要进行调整与优化。组织架构的调整与优化要点如图1-8所示。

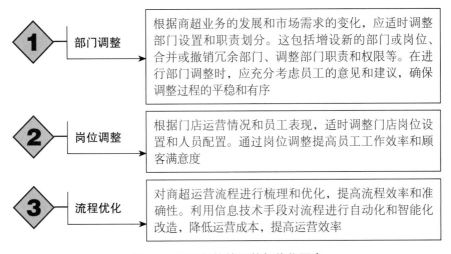

图1-8 组织架构的调整与优化要点

综上所述,商超组织架构的设计需要综合考虑高层管理团队、总部和门店的实际情况以及市场需求的变化。通过合理设置部门、明确职责划分、加强协作与沟通以及调整与优化组织架构等措施,提高商超的运营效率和竞争力,为商超的长期发展奠定坚实基础。

二、商场超市制度化管理

商超制度化管理是商超运营中的重要环节,涉及商超的各个方面,包括员工管理、商品管理、客户服务管理、安全管理等。

1.商超制度化管理的定义与特点

商超制度化管理是指商超经营者为了维护商超内部秩序、提高运营效率、保障消费者权益,依据国家法律法规和行业规定,制定并实施各项规章制度对商超进行管理的一种管理模式。它具有图1-9所示的特点,对商超运营所涉及的各方的行为进行规范,明确了员工和消费者的权利与义务,要求商超员工和消费者必须遵守,并涵盖了商超运营的各个方面。

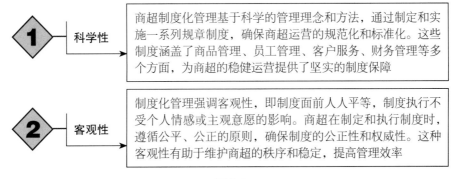

图1-9

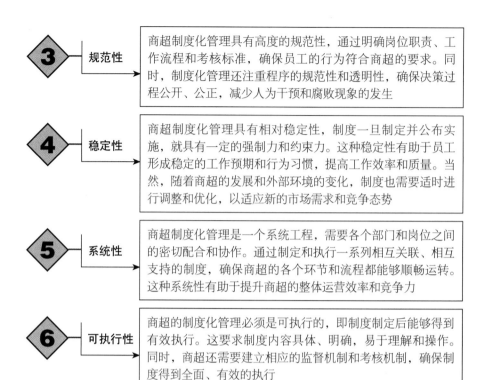

图1-9 商超制度化管理的特点

2. 商超制度化管理的主要内容

商超企业在制定管理制度时，应全面考虑企业运营的各个方面，以确保企业管理的规范化、高效化和可持续发展。表1-4是商超企业应制定的一些关键制度。

表1-4 商超企业应制定的一些关键制度

序号	业务类别	制度说明
1	员工管理	（1）招聘与录用制度：明确招聘标准和流程，选拔具备专业技能和服务意识的员工 （2）培训与发展制度：定期组织员工进行业务知识和服务技能的培训，提高员工的业务水平和服务质量。同时，为员工提供职业发展规划和晋升机会 （3）绩效考核制度：建立合理的绩效考核体系，对员工的工作表现进行客观评价，并将绩效考核结果作为晋升、奖惩的依据 （4）薪酬福利制度：制定合理的薪酬福利制度，激励员工积极工作，提高员工的工作满意度和忠诚度
2	商品管理	（1）采购管理制度：制订合理的采购计划，确保商品的质量和数量满足顾客需求。同时，与供应商建立长期合作关系，确保供货稳定 （2）库存管理制度：采用先进的库存管理方法，确保库存数据的准确性和及时性。定期进行库存盘点，及时发现和处理滞销品和过期品

续表

序号	业务类别	制度说明
2	商品管理	（3）商品陈列制度：根据商品的特性和销售策略，进行合理的商品陈列，提高商品的可见性和吸引力 （4）价格管理制度：制定合理的价格策略，确保价格透明，避免虚假折扣和价格欺诈行为
3	客户服务管理	（1）售前咨询制度：提供优质的售前咨询服务，解答顾客的疑问，帮助顾客选择适合的商品 （2）售后服务制度：建立完善的售后服务体系，包括退换货政策、投诉处理机制等，提高顾客满意度和忠诚度 （3）客户关系管理制度：通过会员管理、积分奖励等方式，维护与顾客的良好关系，提高顾客的回头率
4	安全管理	（1）安全设备管理制度：确保商超内的监控摄像头、报警设备、防火设备等安全设备完好，并定期进行维护和检修 （2）应急预案制度：制定应急预案，并组织演练，以应对各类突发事件，如火灾、地震等。预案中要明确各部门的职责和针对不同突发事件的应对措施 （3）安全教育与培训制度：定期组织员工进行安全教育和培训，提高员工的安全意识和处理突发事件的能力
5	财务管理	（1）财务管理制度：确保财务报表的真实、准确、完整，规范企业的财务行为 （2）资金管理制度：确保资金的安全、合法、有效使用，避免资金流失和浪费 （3）成本控制制度：通过合理的成本控制措施，降低企业的经营成本，提高经营效益
6	其他管理	（1）环境卫生管理制度：确保商超内干净整洁，定期对商超进行消毒、清洁，保障消费者健康 （2）商户管理制度：对商超内的商户进行规范管理，确保商户的经营行为合法合规，维护商超的秩序和形象 （3）促销管理制度：制定合理的促销策略，确保促销活动的合法性和有效性，避免虚假宣传和欺诈行为 （4）信息管理制度：加强信息管理，确保企业信息的准确性和安全性，避免信息泄露和滥用

综上所述，商超企业应制定全面的管理制度，涵盖员工管理、商品管理、客户服务管理、安全管理、财务管理以及其他管理方面，以确保企业管理的规范化、高效化和可持续发展。

3.商超制度化管理的实施策略

商超制度化管理的实施策略如图1-10所示。

加强制度宣传与培训	建立制度执行考核机制	持续优化与改进管理制度
通过内部培训、设置宣传栏等方式，向员工普及商超管理制度的重要性和具体内容，提高员工的制度意识和执行力	定期对各项制度的执行情况进行考核评估，发现问题并及时整改。对制度执行情况优秀的个人和部门给予奖励，激励全员积极执行各项制度	根据商超的发展情况和市场需求，定期对管理制度进行修订和完善，确保制度的适应性和有效性。同时，建立反馈机制，鼓励员工和消费者提出意见和建议，以便不断优化与改进管理制度

图 1-10　商超制度化管理的实施策略

4.商超制度化管理的注意事项

（1）确保与法律法规保持一致

商超制度化管理必须遵守国家和地方的法律法规，确保商超的各项运营活动符合法律法规的要求。

（2）公平公正

商超制度化管理应当遵循公平公正的原则，对所有商户、顾客和员工一视同仁，不偏袒任何一方。

（3）维护商超秩序

商超制度化管理应当在维护商超秩序的前提下，兼顾商户、顾客和员工之间的利益关系，促进商超内部的和谐与稳定。

三、商场超市流程化管理

商超流程化管理是一种高效、有序的管理方式，它强调以流程为中心，通过对商超内部各项业务流程的优化和改进，实现提高效率、减少错误、降低成本的目标。

1.商超流程化管理的定义与特点

商超流程化管理是以商超内部各项业务流程为基础，通过可视化、标准化和自动化的方式，对流程进行优化和改进的管理方法。它具有图 1-11 所示的特点。

以流程为核心	流程化管理强调以流程为核心，以流程为导向来设计组织架构，确保商超的各项业务活动都围绕流程展开。这种管理方式打破了传统以部门为中心的组织模式，使得商超的运营更加高效和顺畅
注重流程再造与创新	商超流程化管理不仅关注现有流程的优化，还强调对流程进行不断再造和创新。通过对流程的持续改进，商超能够保持活力，适应市场的不断变化，提高竞争力

强调结果导向 ☞	流程化管理注重从结果入手，倒推其过程。这种管理方式使得商超的管理重点转变为突出顾客服务、产出效果和运营效率。商超会更加关注外部顾客的需求，从顾客的观点出发来设计商超任务，从而提高顾客满意度和忠诚度
注重过程效率 ☞	流程是以时间为尺度来运行的，因此流程化管理非常注重过程效率。商超会对每一个事件、过程的分解进行精细管理，确保时间得到充分利用，减少浪费，提高整体运营效率
强调全流程绩效 ☞	流程化管理将所有的业务、管理活动都视为一个流程，注重流程的连续性。商超会以全流程绩效管理取代对个别部门或个别活动单独评估的做法，强调全流程的绩效表现取代个别部门或个别活动的绩效表现。这种管理方式打破了职能部门本位主义的思考方式，鼓励各职能部门的成员互相合作，共同追求全流程的绩效
信息化工具的应用 ☞	在商超流程化管理中，信息化工具的应用至关重要。通过自动化、电子化的信息流，商超能够实现流程的自动化管理，提高信息的传递速度和准确性，降低人为失误的风险。同时，信息化工具还能够为商超提供丰富的数据支持，帮助管理层作出更加科学的决策
持续改进与优化 ☞	商超流程化管理是一个持续改进与优化的过程。商超需要定期对流程进行评估和分析，发现问题并及时改进。这种持续改进的特点使得商超能够不断适应市场的变化，提高运营效率和服务质量

图1-11　商超流程化管理的特点

2.商超需设计的流程

商超需设计的流程包括但不限于表1-5所示的主要内容。

表1-5　商超需设计的流程

序号	业务类别	流程说明
1	商品采购	（1）需求分析流程：根据市场需求、销售数据和库存情况，制订采购计划 （2）供应商选择流程：评估供应商的信誉、产品质量、产品价格和服务，选择合适的供应商并与其建立长期合作关系 （3）订单采购流程：向供应商发出采购订单，明确商品规格、数量、价格、交货时间等 （4）验收入库流程：对供应商提供的商品进行验收，确保商品质量符合标准，然后办理入库手续

续表

序号	业务类别	流程说明
2	销售流程	（1）商品陈列流程：合理规划商品陈列布局，提高商品的可见性和吸引力 （2）促销活动流程：根据季节、节日等开展促销活动，吸引顾客购买并增加销售额 （3）收银结算流程：优化收银和结算流程，简化支付手续，减少等待时间，提升顾客购物体验和满意度
3	库存管理	（1）库存盘点流程：定期对库存商品进行盘点，确保库存数据的准确性 （2）库存预警流程：设定库存预警线，当库存低于预警线时，及时发出补货通知 （3）库存调整流程：根据销售情况和市场需求，对库存商品进行调整，如促销、退货等
4	客户服务	（1）接待咨询流程：礼貌接待顾客，解答顾客的问题和疑虑 （2）投诉处理流程：及时处理顾客的投诉，确保顾客满意度 （3）售后服务流程：提供完善的售后服务，如退换货、维修等
5	财务管理	（1）财务规划流程：制定明确的财务目标和计划，合理规划企业财务活动 （2）会计核算流程：进行日常的会计核算和财务分析，及时发现经营中的问题并采取措施加以解决 （3）资金管理流程：管理商超的资金流动，确保资金的安全和有效利用 （4）财务结算流程：建立健全财务档案和账务核对制度，确保账目的准确和真实
6	人力资源管理	（1）招聘选拔流程：制定员工招聘标准和流程，吸引并选拔符合要求的员工 （2）培训提升流程：提供员工培训和发展机会，提高员工的专业素质和服务意识 （3）绩效管理流程：设立绩效管理制度，激励员工积极工作并给予相应奖励
7	安全管理	（1）安全检查流程：定期进行安全检查和风险评估，及时发现安全隐患并妥善处理 （2）事故处理流程：对员工进行有关紧急事故处理和灾害防范的知识的培训，提高员工的应急处理能力

3.商超流程化管理的实施步骤

商超流程化管理的实施步骤如图1-12所示。

4.商超流程化管理的注意事项

（1）确保流程的连贯性和一致性

商超在流程化管理过程中，要确保各项业务流程之间的连贯性和一致性，避免流程之间产生断裂和冲突，确保流程能够顺畅运行。

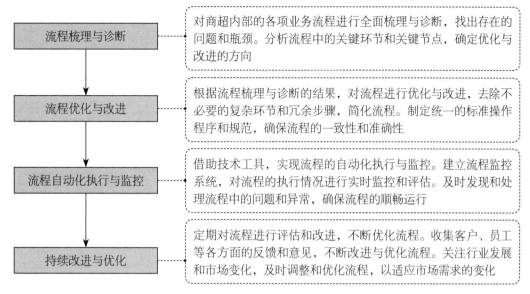

图 1-12　商超流程化管理的实施步骤

（2）加强员工的培训和指导

商超在流程化管理过程中，要加强对员工的培训和指导，使员工熟悉并掌握新的流程和规范，提高员工的操作水平和效率。

（3）建立有效的沟通机制

商超在流程化管理过程中，要建立有效的沟通机制，加强各部门之间的沟通和协作，确保信息的及时传递和共享。

（4）注重流程的持续改进和优化

商超流程化管理是一个持续改进和优化的过程，因此，要关注市场需求的变化和行业的发展趋势，及时调整和优化流程。

商超流程化管理是一种高效、有序的管理方式，它通过对商超内部各项业务流程的优化和改进，实现提高效率、减少错误、降低成本的目标。在实施商超流程化管理时，需要遵循一定的步骤和注意事项，以确保流程化管理的顺利实施和持续改进。

四、商场超市标准化管理

商超标准化管理是一种高效、规范的管理方式，它强调以标准为核心，通过对商超内部各项业务流程、服务规范、商品陈列、库存管理等方面的统一规定和执行，实现提高效率、降低成本、提升顾客满意度的目标。以下是对商超标准化管理的详细说明。

1.商超标准化管理的定义与特点

商超标准化管理是指商超企业在运营过程中，制定并执行一系列统一的标准和规范，以确保商超内部各项业务流程的顺畅运行和服务质量的一致性。其特点如图 1-13 所示。

统一性	规范性	高效性	可复制性
制定并执行统一的标准和规范,确保商超内部各项业务流程和服务质量的一致性	通过制定详细的操作规范和工作流程,确保员工能够按照标准进行操作,减少人为错误和失误	标准化的管理可以优化业务流程,提高工作效率,降低运营成本	标准化的管理可以形成一套可复制的管理模式,便于商超企业快速扩张和开展连锁经营

图1-13 商超标准化管理的特点

2.商超标准化管理的主要内容

商超标准化管理涵盖商超运营的各个方面,包括但不限于表1-6所示的主要内容。

表1-6 商超标准化管理的主要内容

序号	业务类别	标准化管理说明
1	商品陈列标准化	(1)制定统一的商品陈列标准和规范,包括货架布局、商品分类、标签设计等 (2)确保商品陈列整齐、美观、易于查找,提升顾客的购物体验
2	库存管理标准化	(1)建立完善的库存管理制度,包括库存清点、入库管理、出库管理等环节 (2)定期对库存进行清点和盘点,确保库存数据的准确性 (3)根据销售情况和市场需求,合理安排库存补货计划,避免商品断货或积压
3	销售管理标准化	(1)制定统一的销售流程和规范,包括顾客接待、商品介绍、收银结算等环节 (2)加强对销售人员的培训和管理,提高销售人员的专业水平和服务意识 (3)定期开展促销活动,提高销售额和顾客满意度
4	客户服务标准化	(1)建立完善的客户服务体系,包括客户咨询、投诉处理、退换货等流程 (2)制定统一的服务标准和规范,确保客户得到满意的服务 (3)定期对客户进行回访和满意度调查,了解客户需求和反馈,不断改进客户服务
5	员工培训与管理标准化	(1)制定统一的员工培训计划和管理制度,确保员工具备必要的专业知识和服务技能 (2)加强对员工的考核和激励,提高员工的工作积极性和忠诚度 (3)建立员工绩效考核制度,对员工的工作表现进行评定和奖惩

3.商超标准化管理的实施步骤

商超标准化管理的实施步骤如图1-14所示。

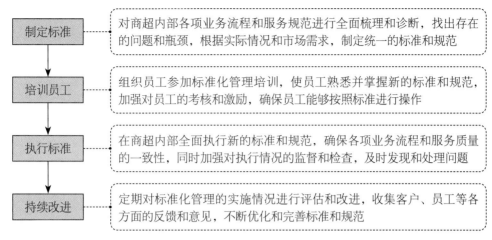

图1-14 商超标准化管理的实施步骤

4.商超标准化管理的注意事项

（1）确保标准的科学性和合理性

在制定标准时，要充分考虑商超的实际情况和市场需求，确保标准的科学性和合理性，避免制定的标准过高或过低，导致员工难以执行或无法满足顾客需求。

（2）强化员工培训与指导

在执行标准化管理过程中，必须加大对员工的培训力度和个性化指导，确保每位员工都能深入了解并熟练掌握新制定的标准和规范。这不仅有助于提升员工的操作技能，还能显著提高工作效率，促进整体业务流程的优化。

（3）构建顺畅的沟通体系

在标准化管理的全过程中，构建一套高效、顺畅的沟通体系至关重要。它要求加强不同部门间的密切沟通与协作，确保信息的畅通无阻和即时共享。通过构建顺畅的沟通体系，各部门能够紧密配合，共同推动标准化管理的有效实施。

（4）注重顾客需求和市场变化

在制定和执行标准时，要充分考虑顾客需求和市场变化，根据顾客需求和市场变化及时调整、优化标准和规范。

五、商场超市信息化管理

商超信息化管理是指商超运用现代信息技术手段，对商超的运营、管理、服务等方面进行全面、高效、精细化的管理和优化。

1.商超信息化管理的定义与特点

商超信息化管理是商超为了实现更高效、更精准的管理和服务，通过引入现代信息技术手段，对商超的运营数据进行收集、处理和分析，从而优化业务流程、提升服务质量、降低运营成本的一种管理方式。其特点如图1-15所示。

通过信息化管理，商超可以实现自动化操作，如自动化收银、自动化库存管理等，减少人工操作，提高工作效率。智能化技术的应用，如智能推荐系统、智能客服等，可以提升顾客购物体验，满足顾客个性化需求

信息化系统能够实时收集、处理和分析商超运营数据，为管理层提供决策支持。数据化的管理方式使得商超能够更准确地了解市场需求、顾客行为等信息，优化经营策略

信息化管理覆盖了商超运营的各个环节，从商品采购、库存管理到销售分析、顾客服务等，有助于实现全面管理。通过数据分析，商超可以对各个环节进行精细化管理，优化库存、降低损耗、提高销售效率

图1-15 商超信息化管理的特点

2.商超信息化管理的主要内容

商超信息化管理的主要内容如表1-7所示。

表1-7 商超信息化管理的主要内容

序号	业务类别	信息化管理说明
1	商品管理信息化	（1）利用条形码、射频识别技术（RFID）等技术对商品进行标记和跟踪，实现商品的自动化管理和库存有效控制 （2）通过数据分析预测销售趋势，优化商品结构和采购计划，降低库存成本
2	顾客管理信息化	（1）建立顾客信息系统，收集并分析顾客的消费行为、消费偏好等信息，为精准营销提供数据支持 （2）通过会员管理系统，为顾客提供个性化的服务和优惠活动，增强顾客黏性
3	财务管理信息化	（1）建立完善的财务管理系统，实现自动化财务报表生成、税务管理等功能 （2）通过数据分析，了解利润来源和成本构成，优化财务结构，提高盈利能力
4	人员管理信息化	（1）建立员工管理系统，实现员工信息的电子化管理和考勤、绩效等数据的自动化收集 （2）通过数据分析，了解员工工作效率和满意度，优化人力资源管理，提高员工积极性

续表

序号	业务类别	信息化管理说明
5	营销与服务信息化	（1）利用社交媒体、电子邮件等渠道进行精准营销，提升营销成效 （2）建立客户服务系统，提供在线咨询、投诉处理等服务，提升顾客满意度
6	物流管理信息化	（1）利用物联网技术，实现商品的实时跟踪和物流配送的自动化管理 （2）通过数据分析，优化物流配送路线和库存调拨策略，降低物流成本

3. 商超信息化管理的实施步骤

商超信息化管理的实施步骤如图1-16所示。

图 1-16　商超信息化管理的实施步骤

4. 商超信息化管理的挑战

（1）数据安全问题

随着信息化程度的提高，数据泄露的风险也逐渐增加。商超需要建立完善的数据安全管理制度，采用加密技术、访问控制等手段保护数据安全。

（2）系统整合问题

不同系统之间的数据难以共享和整合，容易形成信息孤岛。商超需要选择具备数据集成和共享能力的信息化系统，确保数据的流通和协同。

（3）员工适应性问题

员工对信息化系统的接受程度和操作熟练度可能存在差异。商超需要加强员工培训和支持，提高员工的信息化素养和操作能力。

综上所述，商超信息化管理是提升商超运营效率、降低成本、增强竞争力的有效手段。在实施过程中，商超需要充分考虑自身需求和实际情况，选择合适的信息化系统或定制开发符合自身需求的系统，加强员工培训和支持，确保信息化管理的顺利实施和持续优化。

第二章
战略规划与执行

第一节 制订年度经营计划

年度经营计划是为了达成总部的整体战略目标，实现长远的发展，对下一年度的工作所制定的一系列经营目标、管理举措，以及具体的行动方案。年度经营计划是总部战略实施与落地的必要支撑。做好年度经营计划，是每个商超管理者必修的基本功课。以下是制订年度经营计划的步骤。

一、确定企业战略目标

在制订年度经营计划之前，商超管理者需要明确总部的战略目标。这些目标应该具有可衡量性、可达成性和可持续性，以确保计划的可行性和有效性。对此，商超管理者可参考图2-1所示的步骤来确定企业战略目标。

图2-1 确定企业战略目标的步骤

1.明确使命和愿景

商超管理者需要明确企业的使命和愿景，以确定未来发展的战略方向。使命是企业存在的意义，而愿景是企业未来的长远目标。通过明确这些概念，商超管理者可以更好地制定具体的战略目标。

2.分析资源和能力

商超管理者需要评估商超的资源和能力，包括人力资源、技术、品牌、财务等方面的优势和劣势。通过分析这些因素，商超管理者可以确定商超在哪些方面具有竞争优势，并制定相应的战略目标。

3.确定市场定位

商超管理者需要明确商超在市场中的定位，了解目标客户的消费需求和偏好。通过分析竞争对手和市场趋势，商超管理者可以制定针对特定客户群体的战略目标，并制定相应的产品和服务策略。

4. 制定财务目标

财务目标是企业战略目标的重要组成部分，关系到企业的盈利能力和股东利益。商超管理者需要制定具体的财务目标，如收入增长率、利润率、市场份额等，以确保计划的可行性和有效性。

5. 考虑社会责任

商超管理者在制定战略目标时需要考虑社会责任，包括环境保护、员工福利、客户权益等方面的因素。通过履行社会责任，企业可以提高品牌形象和市场声誉，同时为可持续发展作出贡献。

6. 制定战略举措

在确定战略目标后，商超管理者需要制定具体的战略举措来实现这些目标。这些举措应包括产品创新、市场拓展、成本控制、组织变革等方面的内容，以确保计划的有效实施。

二、分析市场和竞争环境

分析市场和竞争环境是制订年度经营计划的重要步骤，因为这些环境因素直接影响着企业的经营业绩和战略目标的实现。分析市场和竞争环境的要点如图2-2所示。

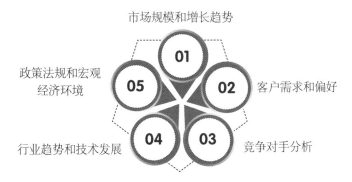

图2-2　分析市场和竞争环境的要点

1. 市场规模和增长趋势

了解市场规模和增长趋势是制订年度经营计划的基础。商超管理者需要评估市场的潜在需求，预测未来的增长趋势，以便制订相应的销售和扩张计划。

2. 客户需求和偏好

了解客户的需求和偏好对于制定有效的产品和服务策略至关重要。商超管理者需要分析不同客户群体的需求,以便为目标客户提供更符合其需求的产品和服务。

3. 竞争对手分析

了解竞争对手是企业制定战略目标的重要依据。商超管理者需要分析竞争对手的市场份额、产品特点、价格策略等方面的信息,以便制定相应的竞争策略。

4. 行业趋势和技术发展

了解行业趋势和技术发展对于制定未来的战略目标具有重要意义。商超管理者需要关注新技术、新产品的出现以及市场变化的趋势,以便及时调整战略方向。

5. 政策法规和宏观经济环境

政策法规和宏观经济环境是影响企业经营的重要外部因素。商超管理者需要关注相关政策法规的变化,分析宏观经济环境对商超经营的影响,以便制定相应的应对策略。

三、制定销售目标

销售目标是年度经营计划的核心,因为其直接关系到商超的盈利能力和市场份额。在制定销售目标时,商超管理者需考虑市场需求、产品定价、销售策略以及客户群体等因素。具体步骤可参考图2-3。

图2-3　制定销售目标的步骤

1. 了解市场需求

商超管理者需要深入了解目标市场的需求、消费者偏好以及市场变化趋势,以便为制定销售目标提供依据。这可以通过市场调研、竞争对手分析等方式实现。

2. 设定目标客户群体

在了解市场需求的基础上,商超管理者需要明确并设定目标客户群体,并根据目标客户群体的特点和需求制定相应的销售策略。

3. 制订销售计划

根据市场需求和目标客户群体,商超管理者需要制订具体的销售计划,包括销售渠道、销售策略、产品定价等方面的内容。在制订计划时,商超管理者需要充分考虑自身的资源和能力，确保计划的可行性。

4.设定销售目标

在制订销售计划的基础上，商超管理者需要设定具体的销售目标。这些目标应该具有可衡量性、可达成性和可持续性，以确保计划的可行性和有效性。在设定目标时，商超管理者需要考虑市场变化趋势、竞争对手情况以及自身实力等因素。

5.制定销售策略

为实现销售目标，商超管理者需要制定具体的销售策略，包括产品定位、定价策略、促销活动、渠道拓展等方面的内容。这些策略应该与企业的战略目标和经营计划相一致，以确保销售计划的顺利实施。

6.定期评估和调整

在实施销售计划的过程中，商超管理者需要定期对计划进行评估和调整。评估的目的是了解计划的执行情况，发现存在的问题并及时调整。调整可能包括重新分配资源、优化业务流程、调整销售策略等措施。

四、制订运营计划

制订运营计划是制订年度经营计划的重要组成部分，涉及商超的日常运营和资源管理。图2-4所示为制订运营计划的要点。

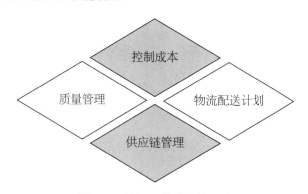

图2-4 制订运营计划的要点

1.控制成本

在制订运营计划时，商超管理者需要注重成本控制。这包括商品采购、销售过程中的成本管理和销售及管理费用的控制。通过有效的成本控制，商超可以提高盈利能力，实现可持续发展。

2. 质量管理

商超管理者需要建立完善的质量管理体系，确保商品质量的可靠性。这包括制定质量标准、实施质量检测、分析质量数据等方面的内容。通过质量管理，商超可以提高客户满意度，提升品牌形象，提高市场占有率。

3. 供应链管理

商超管理者需要建立有效的供应链管理体系，确保商品的供应稳定和及时。这包括供应商选择、合同管理、物流配送等方面的内容。通过供应链管理，商超可以降低库存成本，提高运营效率，确保销售的顺利进行。

4. 物流配送计划

商超管理者需要制订合理的物流配送计划，确保商品能够及时送达客户手中。这包括运输方式选择、配送路线规划、物流信息管理等方面的内容。通过合理的物流配送计划，商超可以提高客户满意度，降低运输成本，提高运营效率。

五、制订人力资源计划

人力资源是企业发展的核心动力，是企业实现战略目标的重要保障。在制订人力资源计划时，商超管理者需关注图2-5所示的要点。

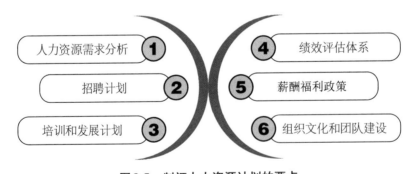

图2-5 制订人力资源计划的要点

1. 人力资源需求分析

商超管理者需要分析商超的人力资源需求，包括各部门的岗位设置、人员数量、技能要求等方面的内容。这一过程需要考虑企业战略目标、业务发展计划以及市场环境等因素。

2. 招聘计划

根据人力资源需求分析，商超管理者需要制订相应的招聘计划。这包括确定招聘渠道、发布招聘信息、筛选简历、安排面试等方面的内容。在制订招聘计划时，商超管理者需要考虑岗位特点、人才市场状况以及自身品牌形象等因素。

3.培训和发展计划

商超管理者需要为员工提供持续的培训和发展计划，以提高员工的技能水平和职业竞争力。培训和发展计划可以包括内外部培训课程、在线学习平台、晋升机制等方面的内容。通过培训和发展计划，企业可以提高员工的工作效率和质量，同时增强员工对企业的忠诚度。

4.绩效评估体系

商超管理者需要建立科学的绩效评估体系，对员工的工作表现进行公正、客观的评价。绩效评估体系应该包括明确的评估标准、评估周期、反馈机制等方面的内容。通过绩效评估体系，企业可以激励员工更好地发挥自身潜力，提高工作绩效。

5.薪酬福利政策

合理的薪酬福利政策可以吸引和留住优秀人才。商超管理者需要根据市场发展水平和自身经济状况，制定具有竞争力的薪酬福利政策。这包括基本工资、奖金、福利等方面的内容。通过合理的薪酬福利政策，企业可以提高员工满意度和归属感，降低员工流失率。

6.组织文化和团队建设

良好的组织文化和团队建设可以增强员工的凝聚力和向心力。商超管理者要注重培养积极向上的组织文化，鼓励团队合作和沟通。通过组织文化和团队建设，企业可以增强员工的团队合作精神，促进企业的发展和壮大。

> **小提示**
>
> 通过制订和执行科学的人力资源计划，企业可以吸引和留住优秀人才，提高员工的工作效率和质量，增强企业的市场竞争力。

六、制定财务预算

财务预算是年度经营计划的保障。商超管理者需要制定详细的财务预算，包括收入预测、成本预算、利润预测等方面的内容。这些财务预算内容应该与企业的战略目标和经营计划相一致。

1. 收入预测

根据销售计划和市场分析结果，商超管理者需要预测未来的收入状况。这包括对产品或服务的销售量、单价和收款周期的预测。在预测收入时，商超管理者需要考虑市场需求、竞争状况和自身销售策略等因素。

2. 成本预算

成本预算是对企业未来经营成本和费用的预测。商超管理者需要分析原材料成本、生产成本、管理费用、销售费用等各方面的支出。在制定成本预算时，商超管理者需要关注成本控制和资源利用效率，以实现盈利目标。

3. 利润预测

利润预测是在收入预测和成本预算的基础上，对未来一定时期内的盈利状况进行预测。这涉及对产品或服务的毛利率、净利率等指标的评估。通过利润预测，企业可以评估经营计划的盈利潜力，为后续决策提供依据。

4. 现金流预测

现金流预测是对企业未来资金流入和流出的预测。商超管理者需要关注经营活动现金流、投资活动现金流和融资活动现金流等方面的状况。通过现金流预测，企业可以合理安排资金使用，确保资金链的稳定。

5. 财务预算编制

在预测各项财务指标的基础上，商超管理者需要编制详细的财务预算。财务预算应该以资产负债表、利润表和现金流量表等财务报表的形式反映。在编制财务预算时，商超管理者需要确保数据的准确性和完整性，遵循法律法规和相关会计准则。

6. 财务预算执行与监控

财务预算一旦批准，商超管理者需要严格执行并对其进行监控。在执行过程中，商超管理者需要关注实际经营数据与预算数据的差异，及时调整经营策略和预算计划。通过财务预算执行与监控，企业可以确保经营计划的顺利实施，实现财务目标。

7. 财务预算分析与调整

在预算执行过程中，商超管理者需要对财务数据进行定期分析，评估经营计划的执行情况和财务指标的实现情况。如果发现实际经营数据与预算数据存在较大差异，商超管理者需要及时调整预算计划或经营策略。通过财务预算分析与调整，企业可以不断完善经营计划和财务预算，提高财务管理水平。

七、监控和调整

在实施年度经营计划这一复杂而系统的过程中，商超管理者扮演着至关重要的角色。为了确保计划的每一步都能按照既定的目标和时间表顺利推进，定期的监控和调整成了不可或缺的管理环节。这一环节不仅关乎计划的执行效率，更直接影响到商超的整体运营效果和市场竞争力的提升。

1. 监控——洞察计划与现实的差距

监控，作为管理过程中的一项基础活动，其核心目的在于实时掌握年度经营计划的执行情况。商超管理者需要建立一套完善的监控体系，通过定期收集和分析各类运营数据（如销售额、客流量、库存周转率、顾客满意度等），来评估计划的实际进展与预期目标之间的差距。这种监控应当是全面而细致的，既要关注宏观的经济指标和市场趋势，也要深入到具体的商品类别、门店运营、员工绩效等微观层面。

通过监控，商超管理者能够及时发现计划执行过程中存在的问题和挑战，比如市场需求变化、供应链中断、竞争对手制定新策略等外部问题，或内部流程不畅、资源配置不合理、员工积极性不高等内部问题。这些问题如果不能被及时发现和解决，很可能会逐渐累积，最终导致整个计划的失败。

2. 调整——灵活应对，优化策略

一旦发现计划执行过程中的偏差或问题，商超管理者必须迅速采取行动，进行必要的调整。调整策略的制定应基于深入的问题分析和市场洞察，确保调整措施既具有针对性，又能有效解决问题，同时还能保持与整体战略方向的一致性。

（1）重新分配资源

根据监控结果，管理者可能需要重新评估各项资源的分配情况，包括资金、人力、库存等，确保关键项目和优先级高的任务得到足够的支持。

（2）优化业务流程

针对发现的流程瓶颈或低效环节，通过引入新技术、改进工作方法、加强团队协作等方式，提升运营效率和服务质量。

（3）调整销售策略

根据市场反馈和消费者行为的变化，灵活调整商品组合、定价策略、销售策略、促销活动等，以更好地满足顾客需求，提升市场份额。

（4）强化沟通与激励

加强内部沟通，确保所有员工对调整后的计划有清晰的认识，并通过有效的激励机制，激发团队的积极性和创造力，共同推动计划的成功实施。

总之，监控和调整是一个持续循环的过程，它要求商超管理者具备高度的敏锐性、灵活性和执行力。通过不断的监控与适时的调整，商超能够更好地适应外部环境的变化，优化内部管理，确保年度经营计划的有效执行，最终实现可持续发展和长期盈利的目标。

八、评估和反馈

在年度经营计划实施结束后，商超管理者需要对计划的执行情况进行评估和反馈。评估的目的是了解计划的完成情况，总结经验教训，以便为未来制订计划提供借鉴。反馈是指将评估结果向相关人员进行通报，以便在今后的工作中进行调整和改进。

1.评估

评估是衡量年度经营计划执行效果的重要手段。通过评估，商超管理者可以了解计划的实际执行情况，判断是否达到预期目标，并发现存在的问题和不足。评估通常包括图2-6所示的几方面内容。

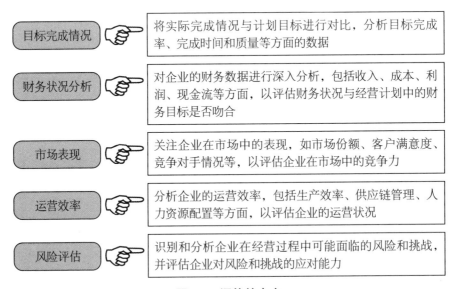

图2-6 评估的内容

2.反馈

反馈是在评估的基础上，对年度经营计划进行优化和调整的过程。通过反馈，商超管理者可以及时发现计划执行中的问题，并采取措施进行调整和改进。反馈通常包括图2-7所示的几方面内容。

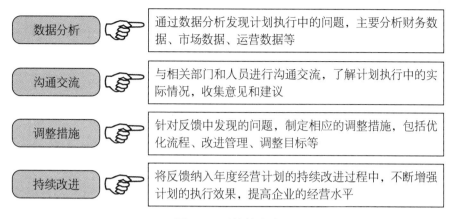

图2-7 反馈的内容

在制订年度经营计划的过程中，评估和反馈的作用不可忽视。通过科学的评估和及时的反馈，商超管理者可以更好地调整计划，优化资源配置，提高经营效率和市场竞争力，从而更好地实现企业战略目标。

第二节 执行总部战略

如果说制定战略是门艺术，那么执行战略就是一门科学。战略制定得再好，如果没有很好地执行，也不可能有好的结果。因此，商超管理者要认真体会总部战略意图，将战略落地。

一、明确战略方向和愿景

商超管理者需要清晰地定义总部的战略方向和愿景。这不仅是一句简单的陈述，而是要在深入思考和分析市场趋势、竞争态势、企业优势和劣势等因素后得出明确的指引。通过与核心团队充分讨论和沟通，确保全体员工对战略方向和愿景有共同的理解，有认同感。

同时，要将战略方向和愿景转化为具体的目标和指标，使其具有可衡量性和可操作性。这样，企业的全体员工能够清楚地知道自己的努力方向，以及如何为实现企业的战略目标作出贡献。

战略目标作为一种总目标、总任务和总要求，可以分解成某些具体目标、具体任务和具体要求。既可以在空间上把总目标分解成一个又一个方面的具体目标和具体任务，又可以在时间上把长期目标分解成一个又一个阶段的具体目标和具体任务。商超管理者只有把战略目标分解到位，才能使其成为可操作的目标。可以这样说，因为战略目标是可分解的，所以才是可实现的。战略目标的分解应自上而下，逐层分解，从部门的子目标直至最基层的目标，从而使战略目标具有可操作性。

二、建立有效的沟通机制

沟通是确保战略执行顺畅的重要环节。商超管理者要建立起全方位、多层次的沟通机制，使信息能够顺畅地在企业内部传递。还应定期召开战略会议，向各级管理人员传达战略意图和最新进展，同时倾听他们的意见和建议。

此外，可以利用现代信息技术手段，如内部网络平台、即时通信工具等，及时分享重要信息，加强团队之间的协作和互动。商超管理者要积极与员工进行沟通交流，解答他们的疑惑，增强他们对战略执行的信心，提高他们的积极性。

三、打造强有力的执行团队

商超管理者需要选拔和培养具备执行能力的人才，组建一支能够贯彻总部战略的执行团队。执行团队的成员不仅应具备专业技能和知识，还要有良好的团队协作精神、责任心和执行力。商超管理者应为执行团队提供必要的培训和发展机会，提升他们的能力和素质。

同时，应建立合理的激励机制，奖励那些在战略执行过程中表现出色的员工，激发他们的工作积极性和创造力。

四、强化监督和评估机制

商超管理者要建立和强化严格的监督和评估机制，对战略执行情况进行实时监控和定期评估。通过关键绩效指标（KPI）等工具，及时发现问题和偏差，并采取相应的措施进行调整和改进。定期对战略执行情况进行总结和反思，总结经验教训，不断优化执行过程。

同时，要敢于对执行不力的部门或个人进行问责，确保战略执行的严肃性和有效性。

五、塑造积极的企业文化

企业文化是总部战略执行的重要支撑。商超管理者要积极塑造一种与战略方向和愿景相契合的企业文化，鼓励创新、合作和进取精神，让员工在这种文化氛围中感受到企业的价值观和使命感，从而更加自觉地为总部战略执行贡献力量。通过举办各类文化活动、树立榜样等方式，强化企业文化的影响力和感染力，使员工能够在工作中体现出企业文化的内涵。

六、灵活应对市场变化

市场环境是不断变化的，这种变化可能导致战略不再适用。为了解决这个问题，商超管理者需要保持敏锐的洞察力，及时发现潜在的风险和机遇。在战略执行过程中，要根据实际情况的变化，灵活调整战略方向和执行策略，确保企业始终能够适应市场的变化。同时，商超管理者还可以加强与供应商、合作伙伴等利益相关者的沟通和协作，以便共同应对市场变化和风险挑战。

此外，商超管理者要鼓励员工勇于创新和尝试，以应对市场不断变化的挑战。

七、以身作则，发挥示范作用

商超管理者是商超的领导者，其言行举止对员工具有重要的示范作用。要以身作则，严格要求自己，在工作中践行企业的战略方向和愿景。要以积极的态度、坚定的信念和卓越的执行力，引领员工共同努力，为实现企业的战略目标而奋斗。

> **小提示**
>
> 商超管理者在确保企业的战略方向和愿景得到贯彻执行的过程中扮演着关键角色，在复杂多变的市场环境中，只有不断努力强化战略执行能力，企业才能在激烈的竞争中立于不败之地。

第三章

商品管理与优化

第一节 配置商品品类

商品配置是关系到商超经营成败的关键，商品配置不当，会造成顾客想要的商品没有、不想要的商品太多的情况，而且还浪费了卖场空间，造成资金积压，最终会导致经营失利。

一、商品销售的法则

"80%的销售额来自20%的商品，80%的利润来自20%的商品。"这是零售业的一条经典法则。

1. 主力商品的选择——20%的商品

80：20法则告诉我们，80%的销售额和利润来自20%的商品，因而确定商品结构首先要确定那20%的商品，也就是主力商品（或称为A类商品）。它们的特征是符合大多数消费者的需求，商品销售的数量大，频率高，而且价格敏感，可能价格高0.1元和低0.1元的销售情况完全不一样，商品生命周期介于成长期与成熟期之间，比如鸡蛋和食用油。

2. 辅助商品的选择——80%的商品

对商超来说，只经营20%的主力商品是不可能的，俗话说"红花还需绿叶衬"，20%的主力商品是在80%的辅助商品衬托对比下才显示出来的。而且相对来说，20%的主力商品之外的商品毛利较高，其中有一些属于便民商品和连带商品。

比如，生姜的销售量不大，但如果顾客在超市里买鱼，就会顺带着买姜。如果因为生姜销售量不大，而不销售它的话，顾客可能连鱼都不在这儿买了。

二、商品分类的原则

商品分类是根据商品的用途将商品划分为不同类别的过程，分类的思路依据大类→中类→小类→单品这样的顺序来进行。

比如，××超市共有14个商品大类，它们依次是蔬果、鱼肉、熟食、日配、酒饮、休闲食品、粮油、冲调食品、日化、文体、家居、家纺、服饰、家电，如图3-1所示。

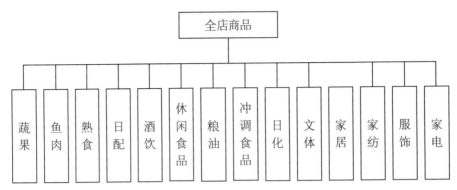

图3-1 ××超市商品分类图

每个商品大类下为商品中类,每个商品中类的下面为商品小类,每个商品小类下面为单品。这种分类的原则主要是为了提高对单品的管理效率,加强商品管理的精确化、专业化。但在实际情况中,商超管理者要根据超市的市场定位、经营战略和经营面积进行适当调整。

比如,一家食品加强型的超市,根据资金的状况进行调整,不打算经营家电和服饰,那么全店就没有家电和服饰这两个商品大类。

三、商品优选的原则

在商超的经营过程中,实际上80%的销售额只来自20%的商品。基于这个比例,商超管理者必须坚持商品优选的原则,具体如图3-2所示。

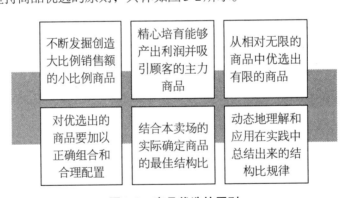

图3-2 商品优选的原则

小提示

不宜选择的商品:不能即付即搬的商品(家电类商品除外);体积过大或过小的商品(家电类商品除外);每次订货数量要求很大且付款条件苛刻的商品;不宜包装的商品(易拆、易烂、易碎、易变质且不接受退货的商品);单价过低的商品。

第二节　优化商品组合

为了将商品分门别类予以归纳，在电脑系统里利用编号原则，有秩序、有系统地对商品加以整理组合，以便于各种销售数据资料的分析与决策，这便是商品组合分类的真正用意。

一、商品组合的方式

商品组合的方式有以下几种。

1.以目标市场为基础进行组合

商品组合的中心内容是确定经营商品的种类及各类商品的花色品种、规格、式样、质量、等级、价格等。商品种类的多少就是商品的宽度，花色品种等因素的多少就是商品的深度。根据商品的宽度和深度的不同组合，商品组合有表3-1所示的几种情况，可参照该表进行设定，也可根据自身的情况进行选择。

表3-1　商品组合方式分类表

组合方式	优点	缺点
宽而深	市场大、商品丰富、顾客流量大、能一次性购足	资金占用多、形象一般化、很多商品的周转率低、商品易过时
宽而浅	市场大、顾客流量大、投资少、能一次性购足、方便顾客	花色品种有限、满足顾客购物需求的能力差、形象较弱、顾客满意度较低
窄而深	形象专门化、特定商品种类齐全、投资少、满足顾客购物需求的能力强、人员专业化	商品种类有限、市场有限、顾客流量有限
窄而浅	方便顾客、投资少	商品种类有限、顾客流量有限、形象弱、顾客满意度较低

2.采取差异化策略进行组合

商品组合的方式可以采取差异化策略，具体如图3-3所示。

二、商品组合的类型

商品组合的类型及具体内容如表3-2所示。

策略一	以竞争对手没有的独特品项为特色，针对高收入的顾客开展销售
策略二	以自有商品为特色，以区别于竞争对手
策略三	以新奇、不断变化的商品为特色，定期对商品、货位进行调整，给顾客以新鲜感
策略四	以率先推出的最新商品为特色，用新商品吸引顾客，带动整个卖场的商品销售
策略五	以处于成长期的商品为特色，这类商品价格较高、销量较大

图3-3　商品组合的差异化策略

表3-2　商品组合的类型及具体内容

序号	类型	具体内容
1	多系列全面型	着眼于向任何顾客提供所需的一切商品，采用这种策略的条件是商超有能力满足整个市场的需要
2	市场专业型	向某个专业市场、某类特定的顾客群提供所需的各种商品
3	商品系列专门型	专注于某一个系列商品的销售，将其推销给各类顾客
4	有限商品系列专业型	根据自身的专长，集中经营有限的、单一的商品系列，以适应有限的、单一的市场需要
5	特殊商品专业型	根据自身的专长，销售某些具有优势销路的特殊商品项目
6	特殊专业型	凭借拥有的特殊销售条件，提供能满足某些特殊需要的商品

三、商品组合的优化

对商品组合的优化，可以采取图3-4所示的几种方法。

图3-4　商品组合的优化方法

1. 商品系列平衡法

商品系列平衡法是把门店的经营活动作为一个整体，围绕这个整体实现其经营目标，从门店的实力和市场吸引力两方面，对商品进行综合平衡，做出最佳的商品决策。采取该方法，可按图3-5所示的4个步骤进行。

图3-5 商品系列平衡法的步骤

2.商品环境分析法

商品环境分析法是把门店的商品分为6个层次,然后分析研究每个系列的商品在未来的市场环境中的销售潜力和发展前景。具体内容如图3-6所示。

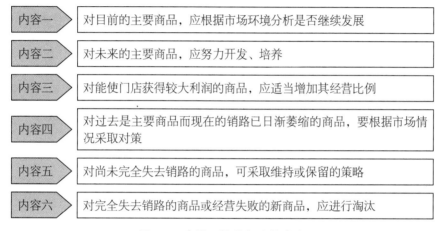

图3-6 商品环境分析法的内容

3.资金利润率法

资金利润率法是以商品的资金利润率为标准,对商品进行评价的一种方法。资金利润是一个表示商品经济效益的综合性指标,既可反映盈利能力,又可反映投资回收能力。应用资金利润率法,可将商品的资金利润率分别与银行贷款利率、行业的资金利润率水平、优秀企业的商品资金利润率、企业自身的经营目标及利润目标进行对比,达不到目标水平就说明企业盈利能力不高。将各种商品的资金利润率资料按经营目标及标准进行分类,结合商品的市场发展情况,预测资金利润率的发展趋势并做出相应决策。

第三节 调整商品结构

商超特别是大型商超必须根据自身特点、消费者群体等方面的不同,在科学的市场细分、市场定位的基础上,不断地对经营品种进行科学的优化与调整。

一、调整商品结构的好处

调整门店的商品结构,就像是在整理计算机的注册表,修改得正确,会提高系统的运行速度,不正确的删改,可能会导致计算机的系统瘫痪。调整商品结构的好处如图3-7所示。

图3-7 调整商品结构的好处

二、调整商品结构的前提

调整商品结构的前提,是完全有效利用了卖场的管理。有的管理人员有时会走进这样一个误区,觉得80%的辅助商品和附属商品的占有面积过大,于是减少了很多这类商品,以为可以不影响门店的整体销售情况,同时会提高单位面积的产出比,增加主力商品的销售份额。结果是门店的货架陈列不丰满,品种单一,门店的整体销售额下滑了很多。所以对于商品结构的调整,首先要在门店商品品种极大丰富的前提下进行筛选。

三、调整商品结构的依据

调整商品结构,应以图3-8所示的指标为依据。

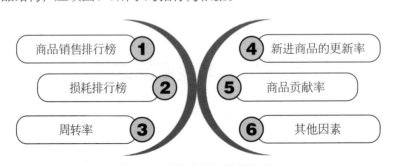

图3-8 调整商品结构的依据

1. 商品销售排行榜

现在大部分卖场的销售系统与库存系统已实现相互连接，后台电脑系统能够整理出卖场每天、每周、每月的商品销售排行榜，从中就可以看出每一种商品的销售情况，调查商品滞销的原因，如果无法改变其滞销情况，就应予以撤柜处理。在处理这种情况时应注意图3-9所示的两点。

对于新上柜的商品，因其有一定的熟悉期和成长期，不要急于撤柜

对于某些日常生活的必需品，虽然其销售额很低，但是由于此类商品的作用不是盈利，而是通过此类商品的销售来拉动门店的主力商品的销售，因此不要急于撤柜

图3-9 商品撤柜处理的注意事项

2. 损耗排行榜

该指标是不容忽视的，它将直接影响商品的贡献毛利。

比如，日配商品的毛利虽然较高，但是由于其风险大，损耗多，赚得可能不够赔的。曾有一家卖场的涮羊肉片的销售量在某一地区占有很大的比例，但是由于商品的损耗特别多，卖场一直处于亏损状态，最后唯一的办法是，提高商品价格或协商降低供应商的残损率，不然可能会一直亏损下去。

对于损耗大的商品一般要少订货，同时应由供应商承担一定的合理损耗，另外有些商品的损耗是因商品的外包装问题，遇到这种情况，应当及时让供应商予以修改。

3. 周转率

商品的周转率也是调整商品结构的指标之一，谁都不希望某种商品积压，流动资金被长期占用，所以周转率低的商品不能滞压太多。

4. 新进商品的更新率

卖场周期性地增加商品的品种，补充新鲜血液，以稳定自己的固定顾客群体。商品的更新率一般应控制在10%以下，最好在5%左右。需要导入的新商品应符合卖场的商品定位，不应超出其固有的价格带。对于价格高而无销量的商品和价格低而无利润的商品应适当地予以淘汰。

5. 商品贡献率

单根据商品销售排行榜来调整商品结构是不够的，还应看商品的贡献率。销售额高、

周转率高的商品，不一定毛利高，而周转率低的商品未必利润低。没有毛利的商品，即使销售额再高，也没有用处。毕竟卖场是要生存的，没有利润的商品短期内可以存在，但是不应长期占据货架。看商品贡献率的目的在于找出贡献率高的商品，并使之销售得更好。

6.其他因素

随着一些特殊节日的到来，应对卖场的商品进行补充和调整。

比如，正月十五和冬至，就应对汤圆和饺子的商品品种在配比及陈列上进行调整，以适应卖场的销售。

> **小提示**
>
> 调整商品结构，有助于提高门店的总体销售额。它是一项长期的管理工作，应当随着时间的变化而及时变动。

第四节 商品艺术陈列

商品陈列指以商品为主体，运用一定的艺术方法和技巧，借助一定的道具，将商品按销售者的经营思想及要求，有规律地摆设、展示，以方便顾客购买、提高销售效率，是销售产业中一种主要的广告形式。商品陈列是一门艺术，倘若陈列得当，不仅能促进销售，而且还能给顾客带来一种艺术的享受。

一、商品陈列区域的划分

在商超的卖场里，商品陈列的主要区域分为货位区、走道区、中性区和端架区等四部分，具体分布如图3-10所示。

二、商品陈列的规划

对商超来说，最重要的营销手段莫过于掌握好的陈列技巧，做好了这点，商品往往能获得更多顾客的青睐。如果商品没有经过规划，结果往往是消费者想要的没有，消费者不想要的又一大堆，占了陈列货架不要紧，积压的库存资金没有充分运用才是真正的可惜。

那么，如何对商品进行最好的陈列规划呢？以下两点可作为参考。

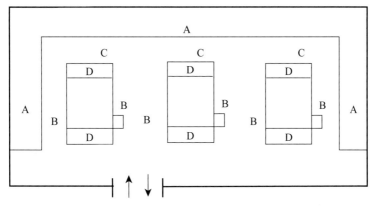

图3-10 商品陈列的主要区域

图示说明：

① A表示货位区。卖场的大多数商品都被陈列在正常的货位区，摆放在美观、整洁的货架上，以供顾客浏览、选购。

② B表示走道区。为了吸引顾客的注意力，突出一些商品独特的个性以及实现售点促销的效果，在卖场的大通道中央摆放一些平台或篮筐，陈列价格优惠的商品。

③ C表示中性区。中性区是指卖场过道与货位的临界区，一般进行突出性商品陈列，例如，在收款台附近摆放一些小商品。

④ D表示端架区。端架区是指整排货架的最前端或最后端，即在顾客流动线转弯处所设置的货架，常被称为最佳陈列点。端架区所处位置优越，很容易引起顾客的注意，常常陈列一些季节性商品、包装精美的商品、促销商品或新上市的商品。

1.陈列面积分配

根据卖场规模确定的方法，可计算出商超能够满足顾客需求的最有效与最经济的陈列面积，但这些面积要如何分配给各商品呢？以下有几种方法。

① 参照法。参照法是指参考竞争对手的配置，发挥自身特色来分配商品陈列面积。商超管理者在配置卖场商品前，可以先找一家竞争对手或是某家经营得很好的、可以模仿的卖场，了解对方的商品配置。

比如，某卖场是竞争店，经调查发现它有100米长的冷藏冷冻展示柜，其中果蔬占20米、水产占10米、畜产占1.5米、日配品占50米、其他商品占18.5米。接着就要考虑自己卖场的情况：如果我们的卖场比它大，当然就可以扩充上述设备，陈列更多的商品来吸引顾客；如果我们的卖场面积较小，则应先考虑可否缩小其他干货的比例，以增加生鲜食品的陈列面积。

在大型商超经营中，生鲜食品是否经营成功往往决定了其成败。如果生鲜食品配置面积一样，可分析他们这样的配置是否理想；如果自己有直接的批发商，则可以在果蔬方面发挥特色，增加果蔬的配置面积，而对其他商品的陈列面积进行适度的缩小或提出更高要求，对于其他干货类的糖果、饼干、杂货等，也都可用此方法分析。

各商品大类（部门）的面积分配好后，应再依据商品结构比例，进行中类商品的分配，最后再细分至各单品，这样就完成了陈列面积的配置工作。

② 需求导向法。需求导向法是指通过调研店铺所在商圈内消费者的数量、构成、购买力、购买习惯、潜在需求等，来确定自己商超的商品面积分配。

③ 实践法。实践法是指先开业一段时间，之后再根据实际情况进行陈列面积的分配。最简单的方法是，给销路好的商品分配更多的陈列面积。

④ 陈列需要法。陈列需要法是指根据某类产品所必需的面积来进行商品配置，服装部和鞋品部采用此法较适宜。

⑤ 销售生产率法。销售生产率法是指零售商根据每单位商品的销售额或销售利润分配陈列面积。高盈利的商品种类获得较大的面积，微利商品获得较小的面积，大多数商超采用这种分配方法。

2. 进行商品配置

陈列面积的配置工作完成后，商超管理者应依据顾客的购物路线，也就是购物的顺序进行商品配置。顾客到卖场购物的顺序一般如图3-11所示。

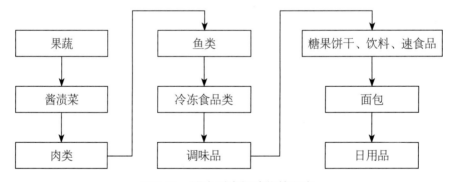

图3-11 顾客到卖场购物的顺序

依据顾客的购物习惯，商超管理者便可决定商品的配置。目前我国许多商超卖场的商品配置如图3-12所示。

① 新鲜的果蔬是顾客每日必购的商品，摆在进口处较容易吸引顾客，而且果蔬的颜色鲜艳，可以加深顾客的印象，较能表现季节感；同时，水果、蔬菜的大量陈列，可以给顾客营造商品丰富的感觉。所以，绝大多数大型卖场都将果蔬类摆在进口处，其销售额都较高。

② 日配品中，由于牛奶与果汁购买频率高，销售单价又不高，并且已成为现代人生活的必需品，所以许多商超选择将它们放在主通道上。

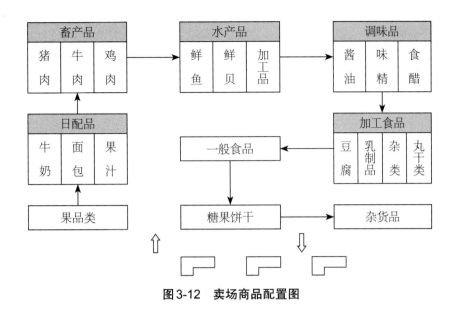

图3-12　卖场商品配置图

三、商品陈列的原则

顾客进店购买商品，能否清晰准确地感知商品形象，获得良好的购物体验，很大程度上取决于商品的陈列情况。琳琅满目的商品陈列对销售的促进作用毋庸置疑，商超可根据顾客心理陈列商品，但也要遵循一定的原则，具体如图3-13所示。

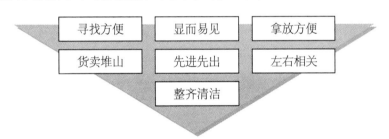

图3-13　商品陈列的原则

1.寻找方便

寻找方便就是将商品按品种、用途分类陈列，划出固定区域，方便顾客寻找。有以下几种方法可以实现寻找方便。

① 在卖场入口处设置区域分布图。通常，大型商超的入口处都有本卖场区域的分布图，方便顾客找到自己想要的商品。

② 在每一个区域挂上该区域的名称指示牌，比如蔬菜区、日化区等，这样，顾客通过这些指示牌就能很容易找到自己所要选购商品的位置（如图3-14所示）。

③ 根据商品的特性来决定什么样的商品应该放在什么样的位置，方便顾客选择、购买。

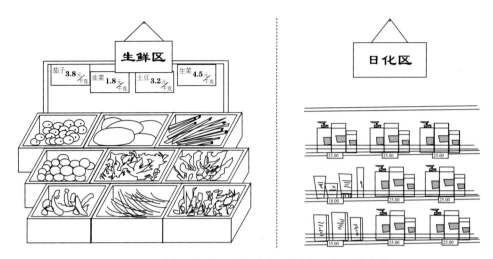

图 3-14 顾客通过指示牌很容易找到自己所需的商品

2.显而易见

显而易见就是要使顾客很方便地看见、看清商品。商品陈列是为了使商品本身及其款式、规格、价格等在顾客眼里"显而易见"。使商品显而易见需做好以下几点。

① 为了让顾客注意到商品，要选择一个让顾客能一眼看到的位置陈列商品，陈列的商品要正面朝外。

② 所有商品都应面向顾客，不能用一种商品挡住另外一种商品，即便用热销商品挡住冷门商品也不行。

③ 陈列在货架下层的商品不易被顾客看见，卖场在陈列商品时，要把货架下层的商品倾斜陈列，这样一来方便顾客看到，二来方便顾客拿取。

④ 货架高度及商品陈列高度都不应高于1.7米（如图3-15所示）；同时货架与货架之间应保持适当距离，以增加商品的可视度。

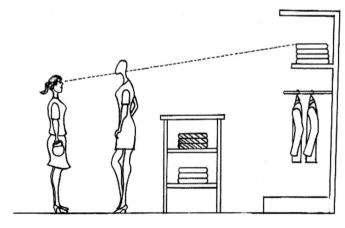

图 3-15 货架高度与商品陈列高度不宜太高

⑤ 商品陈列时，色彩的和谐搭配能使商品焕发异样的光彩，使商品更醒目，吸引顾客购买。

⑥ 商品陈列时要讲求层次，应把适合本店消费层次和消费特点的主要商品品种陈列在卖场的主要位置。

 相关链接

能够让顾客"显而易见"的陈列位置

1. 卖场进门正对面

通常顾客在进入卖场时，会在无意识情况下扫视卖场内的商品，所以，卖场进门正对面是顾客最容易看见的位置。通常卖场会在进门正对面的地方大量陈列促销商品。

2. 柜台后面与视线等高的货架位置

柜台后面与视线等高的货架位置是顾客最容易关注到的位置。通常顾客在选购商品时，第一时间扫视的就是柜台后面与视线等高的货架位置。所以，理货员一定要把利润高、受顾客欢迎、销路好的商品陈列在此位置。

3. 与视线等高的货架位置

卖场通常使用货架陈列商品，这样能增加陈列面积。货架上与人视线等高的位置最容易被顾客看见，所以也成为货架上的黄金陈列位置。一般在货架的黄金陈列位置（85～120厘米）陈列销路好、顾客喜欢购买、利润高的商品。

4. 货架两端的上方

因为顾客站在货架的一头很容易看见货架的另外一头，所以货架两端的上方也是容易被顾客看见的位置。

5. 墙壁货架的转角处

墙壁货架的转角处，能使更多商品同时进入顾客视野，所以也是顾客容易关注的位置。

6. 磅秤、收银机旁

顾客在排队等候称量、付款的时候会有闲暇时间四处张望，所以在磅秤、收银机旁的商品容易被顾客关注和发现。

7. 顾客出入集中处

顾客出入集中说明顾客流量大，人多的地方必然商品被关注的机会也多，所以在顾客出入集中的地方，商品容易被看到。

3.拿放方便

商品陈列不仅要使顾客方便"拿",还要使顾客方便"放"。卖场在陈列商品时,要使顾客拿放方便需做好如下几点。

① 货架不能太高,最好不要超过170厘米。如果货架太高,顾客拿商品的时候很吃力,还要冒着摔坏商品的风险,最终肯定会选择放弃。

② 通常,商品之间的距离一般以2～3厘米为宜;商品与上段货架隔板保持可放入一个手指的距离为最佳(如图3-16所示),这样方便顾客拿取和放回。

图3-16　商品与上段货架隔板之间留下空隙

③ 货架层与层之间要有足够的间隔,最好是保持层与层之间能够有容得下一只手轻易进出的空隙。层间距太宽,会令顾客产生商品种类不够丰富的错觉。

④ 易碎商品的陈列高度不能超过顾客胸部(如图3-17所示)。比如,瓷器、玻璃制品、玻璃瓶装商品的陈列高度应该以一般人身高的胸部以下为限度。陈列太高的话,顾客担心摔碎后要赔偿,所以不放心拿取观看,这样就妨碍了商品的销售。

图3-17　易碎商品的陈列高度说明图

⑤ 重量大的商品不能陈列在货架高处，顾客一来担心拿不动摔坏商品，二来担心伤到自己。所以，重量大的商品应该陈列在货架的较低处。

⑥ 陈列鱼、肉等生、熟食制品时，要为顾客准备夹子、一次性手套等，以便让顾客放心挑选满意的商品，这样可在更大程度上促进销售。

4. 货卖堆山

在大型卖场，顾客看到的永远是满满一货架的商品，打折的特价商品更是在一个独立的空间内堆积如山，因为大量摆放、品种繁多的商品更能吸引顾客的注意。陈列商品时要想货卖堆山，必须做到如下几点。

① 单品大量陈列，给顾客视觉上造成商品丰富的印象，能激发顾客购买的欲望。

② 商品要做到随时补货，也就是要在顾客拿取之后及时补上（如图3-18所示）；如果不能及时补上，要把后面的商品往前移动，形成满架的状态。

图3-18　对于货架的空档要及时补上商品

③ 单品销售完毕、无库存时，首先要及时汇报给上级有关部门，以及时向供应商要货。同时，挂上"暂时缺货"的标牌提醒顾客。

5. 先进先出

在遵循先进先出原则进行商品陈列时，应按照图3-19所示的两点操作。

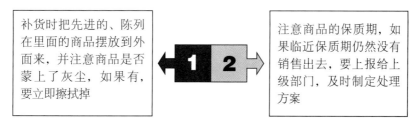

图3-19　商品先进先出的陈列原则

6. 左右相关

左右相关也叫关联陈列，就是把同类产品陈列在一起，但又不仅仅是这么简单。一般商超管理者会把整个卖场分成几个大的区域，相关商品会集中在同一区域进行销售以方便顾客寻找和选择，具体操作时有些细节值得注意。

① 按照顾客的思考习惯来陈列。

比如，婴儿用的纸尿布，是和婴儿用品陈列在一起，还是和卫生纸、卫生巾陈列在一起？在卖场的分类里，它可以归到和卫生纸一类的卫生用品里，但是在顾客的认识里，它应该属于婴儿专用的商品，应该出现在婴儿专柜里。

② 按商品的使用目的、用途、销售目标群体等关联关系组合商品，从而起到互补和延伸的作用。

有时为了配合节日会设立一个主题区（如图3-20所示），比如情人节，商超会把巧克力、玫瑰陈列在一起，这样顾客在购买其中一种商品时会看到另外的相关的商品，由此引发新的购买冲动，促进销售。

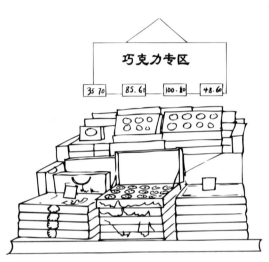

图3-20 配合节日设立的主题区可促进销售

7. 整齐清洁

做好货架的清理、清扫工作，这是商品陈列的基本要求，卖场里要随时保持货架的干净整齐。

陈列的商品要清洁、干净，没有破损、污物、灰尘。尤其对生鲜食品，其内在质量及外部包装要求要更加严格。不合格的商品要及时从货架上撤下。

> **小提示**
>
> 在有些特殊时期，要特别做好清洁工作，比如流感高发期，做好消毒和清洁工作，能使顾客有一个健康和安心的购物环境。

四、商品陈列的方法

在商超中，将商品按类别陈列是最基本的陈列方法，它构成了商超卖场商品陈列的基础。在此基础上，商品陈列可以分为图3-21所示的多种方法。

图 3-21　商品陈列的方法

1.集中陈列法

集中陈列法是商超商品陈列中最常用和使用范围最广的方法。它是把同一种商品集中陈列于一个地方，给顾客造成一种供货充足、物美价廉的感觉，激发顾客的购物欲望，陈列效果如图 3-22 所示。这种方法最适合周转快的商品。

图 3-22　集中陈列效果图

2.整齐陈列法

整齐陈列法是指将商品按一定规则和顺序整齐堆放在一起的方法。它是一种非常简洁的陈列方法，通常按照货架的尺寸确定商品的排面数，整齐地排列堆积即可，陈列效果如图 3-23 所示。其目的在于突出商品的量感，使顾客感觉该商品在数量上非常充足，以调动顾客的购买欲望。

在卖场里，饮料、罐装啤酒常用这种陈列方法。另有些季节性商品、折扣商品、购买频率高而且购买量大的商品也常用这种陈列方法。在运用时，需要注意某些商品必须是能承受压力的。

图3-23　整齐陈列效果图

3.盘式陈列法

盘式陈列法实际上是整齐陈列法的一种变形,它不像整齐陈列法那样将商品从包装纸箱中一件一件取出,再整齐地堆积起来,而是将包装纸箱的上半部分剪去,以盘为单位,将商品一盘一盘地堆起来。

盘式陈列法是为了突出商品的量感,告诉消费者该商品是可以整箱出售的。在实际操作中,理货员只剪去商品包装纸箱的1/3,露出纸箱中的一排商品即可。这种陈列方法也常用来陈列饮料、啤酒等商品。

4.两端陈列法

"两端"是指卖场中央货架的两头。中央陈列架两端的顾客流量最大,顾客往返时都要经过。

两端陈列的商品,可以是单一商品,也可以是不同商品的组合。单一商品最好是全国性品牌商品,这种商品具有较高的知名度,消费者常常会认牌购买,因而流转速度快,利润高。另外,几种不同商品的组合,在包装图案、颜色上相互搭配,能产生良好的视觉效果,在效用上互为补充或替代,有时也可以产生陪衬效果,可以很好地刺激消费者的购买欲望,实现扩大销售的目的。

> **小提示**
>
> "两端"是陈列商品的黄金地段,是卖场内最能吸引顾客注意力的地方之一。两端陈列的商品通常是高利润商品、特价品、新商品或全国性品牌商品,也可以是流转非常快的推荐商品。

5.岛式陈列法

在卖场的入口处、中部或后部，有时不设置中央陈列架，而配置以特殊陈列用的展台，这种陈列方法就称为岛式陈列法。

岛式陈列法常见的用具主要有直径较大的网状货筐、冰柜和平台。前述的两端陈列法可以使顾客从三个面看到陈列的商品，而使用岛式陈列法，顾客可以从四个面看到所陈列的商品，其效果是非常好的。

由于岛式陈列法的陈列位置一般在卖场的入口处、中部或后部，所以它的高度不能超过普通消费者的肩部，否则就会影响整个卖场的视野。岛式陈列的商品应该是颜色鲜艳、包装精美的特价品、新商品，这样才能起到招徕顾客的作用。

6.突出陈列法

突出陈列法也称为突出延伸陈列法，是指将卖场的中央陈列架前面突出来的一部分，用来陈列特殊商品的方法。

突出陈列法不仅打破了一般陈列的单调感，而且增加了货架的陈列量，并将商品强行映入顾客眼帘。突出陈列法有多种陈列方式：有的在中央陈列架上附加延伸架，据调查这可以增加180%的销售量；有的将商品直接摆放在紧靠货架的地上，但其摆放高度不能太高，否则就会影响背后的货架陈列。

7.悬挂陈列法

悬挂陈列法是指将形状扁平、细长等无立体感的商品悬挂起来陈列的一种方法。悬挂陈列能使顾客从不同的角度欣赏商品，具有化平淡为神奇的促销作用。有些商品受到物理属性限制，其外观平淡无奇，不足以打动消费者，运用悬挂陈列法可以增加观赏性，加大销售的可能性。

8.定位陈列法

定位陈列法是指在卖场中，某些商品的陈列位置一经确定，在相当长一段时期内便不会发生变化的一种陈列方法。在实际经营活动中，一些品牌商品需要运用定位陈列法，因为这些商品具有较高的品牌知名度，有一大批忠实顾客常常认牌购买。

他们知道这些商品的陈列位置就会直奔主题，无须再花费时间与其他品牌商品进行比较。在卖场陈列架上，品牌商品的占用空间不用太大，只要品牌标识醒目就可以了。这类商品流转速度比较快，并且占用陈列空间小，货架上的储量少，因此需要理货员勤上货。

9.比较陈列法

比较陈列法是指将同一品牌的商品，按不同规格、不同数量进行分类，然后陈列在一起，让顾客通过数量和价格方面的比较来选择购买的一种陈列方法。

比较陈列法是在同一品牌商品的不同规格之间进行比较，让顾客分辨哪种规格的价格更为便宜，以满足其求廉的心理，从而达到促销的目的。

比如，不同规格的雪碧，有罐装的、桶装的，罐装的又分为6罐装的、12罐装的等，不同单位容量的雪碧价格上有不同幅度的差异。

10. 关联陈列法

关联陈列法也称配套陈列法，指将种类不同但效用方面相互补充的商品陈列在一起，或将与主力商品有关联的商品陈列于主力商品的周围以吸引顾客并方便顾客购买的陈列方法。

比如，将沐浴露与洗发水、香皂与香皂盒、牙膏与牙刷放在一起，顾客在购买了A商品以后，可能顺便会购买旁边的相关商品B或C。

> **小提示**
>
> 运用关联陈列法时要注意：相邻商品必须是互补商品，确保顾客产生连带购买行为。关联陈列法增加了卖场陈列的灵活性，加大了商品销售的机会。但陈列商品的类别应该按照消费者的需要进行划分，例如卧室用品、卫生间用品、厨房用品等。

11. 接触陈列法

接触陈列法使顾客能够直接接触到商品，通过实际的接触，直接刺激顾客的感觉器官，这样常常能够取得更好的效果。陈列效果如图3-24所示。

图3-24　接触陈列效果图

比如销售服装、鞋帽的部门，如果不让顾客接触商品，不让试穿、试戴，光凭视觉，是无法让顾客放心购买的。

使用接触陈列法时应注意对易碎商品的保护，例如玻璃罩、瓷器等器皿应该放在稳妥的位置，防止因顾客不经意地触碰而被打破，既易损坏商品，也易伤到顾客。

12. 季节陈列法

季节陈列法强调围绕季节来进行商品陈列。这种陈列法常常把突出的季节性商品陈列在橱窗、展台的中心位置或货架前列等引人注目的地方。

季节陈列法也适用于节日陈列。在节假日促销活动中，促销人员可根据节日特点及促销活动主题进行促销品陈列，以达到突出商品的目的。

13. 图案陈列法

图案陈列法就是充分利用商品的形状、特征、色彩等，使用适当的夸张和想象，对商品进行摆放，形成一定的图案，使顾客既看到商品的全貌，又受到艺术的感染，产生美好的印象。在商品陈列中常用的图案陈列法如表3-3所示。

表3-3 图案陈列法及适用商品

序号	陈列图案	商品摆放方法	适用商品
1	直线	把商品按大小或形状特征排成直线图案，注意把商标朝外，标价牌整齐完整，字迹清晰完整	形状标准、大小统一的商品
2	曲线	将商品摆成各种曲线形式的陈列图案，如三角曲线、直角曲线、圆弧曲线、长水纹波曲线	小件零星商品
3	塔形	利用商品的实际形状或外包装将商品搭建成塔形的立体图案	玩具、文娱用品等商品
4	梯形	将商品折叠好，并按照梯形逐层错叠，从而使商品的部分花纹和图案展现出来	折叠整齐的床单、毛毯、衬衫、时装等
5	构图	利用商品的色彩摆出如大红色"喜"字等图案	有鲜艳色彩的商品
6	悬挂	将商品悬挂起来，展示商品的图案	服装、绸缎、呢绒、被面、毛巾、手绢、袜子等软性商品

14. 最佳高度法

一般来说，与顾客视线相平、顾客直视可见的位置是最好的位置。货架上的商品陈列效果会因视线的高低而不同。在与视线相平而且伸手可及的范围内，商品的销售效果最好。在此范围内的商品，其销货率为50%；随着视线的上升或下移，销售效果会递减。

国外的一项调查结果显示，对商品在陈列中进行上、中、下三个位置的调换，商品的销售额会发生表3-4所示的变化。

表3-4　商品陈列高度与商品销售额变化统计表

陈列高度变化范围	销售额变动幅度	陈列高度变化范围	销售额变动幅度
"中段"到"上段"	+63%	"下段"到"上段"	+78%
"中段"到"下段"	−40%	"上段"到"下段"	−32%
"下段"到"中段"	+34%	"上段"到"中段"	−20%

表3-4中的结果是用同一种商品进行测试后得出的，它是几种典型商品的试验结果的汇总，因此不能作为一种绝对数据来运用，但"上段"陈列位置的优越性是显而易见的。

以高度为170厘米的货架为例，对商品的陈列位置进行细分，如图3-25所示。

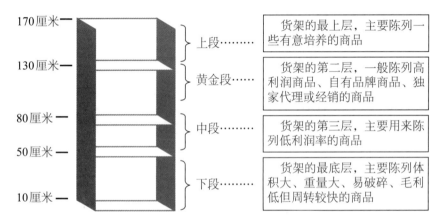

图3-25　陈列位置示意图

15.特殊陈列法

（1）纸箱陈列法

纸箱陈列法如表3-5所示。

表3-5　纸箱陈列法

定义	适用范围	陈列效果
对进货（包装）用的纸箱按一定的深度、样式进行裁剪（割箱陈列），然后将商品放入其中陈列的方法	适用于此种陈列方法的商品： （1）广为人知、深受消费者欢迎的品牌商品 （2）预计可廉价、大量销售的商品 （3）中、大型商品以及可以裸露陈列的商品 （4）难以往高处堆积的商品	（1）营造价格低廉的形象，价格易被传扬出去 （2）给顾客一种亲切感、易接近感，量感突出 （3）节省陈列操作的人力、物力 （4）易补充、撤收商品。可布置成直线形、V形、U形等

（2）投入式陈列法

投入式陈列法如表3-6所示。

表3-6　投入式陈列法

定义	适用范围	陈列效果
将商品直接投入（放置）到特定的陈列容器（如筐、篮、箱）或陈列区域中，这种陈列方法给人一种商品丰富，可随意挑选的感觉	适用于此种陈列方法的商品： （1）中、小型，一个一个进行陈列处理很费工夫的商品 （2）本身及其价格已广为人知的商品 （3）简便性较高的商品 （4）低价格、低毛利的商品	（1）不易变形、损伤。营造价格低廉的形象，价格易被传扬出去 （2）即使陈列量较少也易给人留下深刻印象，可成为整个卖场或某类商品销售区的焦点 （3）陈列时间短。操作简单。陈列位置易变更，商品易撤收

（3）翼形陈列法

翼形陈列法如表3-7所示。

表3-7　翼形陈列法

定义	适用范围	陈列效果
在平台的两侧陈列关联商品的方法	适于此种陈列方法的商品： （1）与主要通过平台进行销售的商品相关联的商品 （2）通过特卖销售的少量剩余商品	（1）商品的露出度提高，增加商品出现在顾客视野中的频率 （2）突出商品的廉价性、丰富性，给顾客一种卖场非常热闹的感觉

（4）阶梯式陈列法

阶梯式陈列法如表3-8所示。

表3-8　阶梯式陈列法

定义	适用范围	陈列效果
将箱装商品、罐装商品堆积成阶梯状（3层以上）的陈列方法	适用于此种陈列方法的商品：主要是箱装、罐装堆积起来也不会变形的商品	（1）易产生感染力 （2）易使顾客对商品产生一种既廉价又具有高级感的印象 （3）在陈列上节省时间 （4）不仅可用在货架端头，还可用在货架内部

（5）层叠堆积陈列法

层叠堆积陈列法如表3-9所示。

表3-9　层叠堆积陈列法

定义	适用范围	陈列效果
将商品层叠堆积的陈列方法	适用于此种陈列方法的商品： （1）可层叠堆积的筒状、箱装、罐装等商品 （2）中、大型，具有稳定感的商品	（1）商品的陈列量不大，同样可给人一种量感 （2）可在保持安全感的同时将商品往高处陈列 （3）可突出商品的廉价性及高级感

（6）瀑布式陈列法

瀑布式陈列法如表3-10所示。

表3-10　瀑布式陈列法

定义	适用范围	陈列效果
模仿瀑布的形态，将商品以一种从上到下、层层堆叠或悬挂的方式进行展示，这种陈列方法给顾客一种仿佛瀑布下流的感觉	适用于此种陈列方法的商品： （1）圆形细长的商品 （2）预计单品可大量销售的商品	（1）易突出季节感、新鲜感，并给人一种新奇、醒目的感觉 （2）以裸露陈列的商品为中心，易给顾客一种廉价感

（7）扩张陈列法

扩张陈列法如表3-11所示。

表3-11　扩张陈列法

定义	适用范围	陈列效果
超出一般的陈列线，向前扩张、延伸陈列商品的方法	适用于此种陈列方法的商品： （1）新产品、重点商品、特卖品等希望引起顾客特别注意的商品 （2）小、中型商品 （3）希望加深顾客印象并为顾客提供丰富信息的商品	（1）提高商品注视度 （2）使陈列商品易被识别

（8）搬运容器（卡板）陈列法

搬运容器（卡板）陈列法如表3-12所示。

表3-12　搬运容器（卡板）陈列法

定义	适用范围	陈列效果
直接利用在商品配送中使用的容器进行陈列的方法	适用于此种陈列方法的商品： （1）价格广为人知的商品 （2）可以直接用搬运容器陈列的商品 （3）预计周转率较高的商品	（1）陈列作业上节省人力、物力 （2）方便商品种类数的管理。易突出廉价感

（9）线状陈列法

线状陈列法如表3-13所示。

表3-13　线状陈列法

定义	适用范围	陈列效果
将商品陈列成线形的陈列方法	适用于此种陈列方法的商品： （1）罐装饮料等筒形、长方形的商品 （2）小型、中型商品，轻量商品	（1）突出陈列商品的效果显著 （2）方便补充商品、调整陈列形状

（10）扇形陈列法

扇形陈列法如表3-14所示。

表3-14　扇形陈列法

定义	适用范围	陈列效果
将商品陈列成接近半圆形的陈列方法	适用于此种陈列方法的商品： （1）扁平商品、陈列量较少的商品 （2）预计周转率不会很高的商品 （3）希望主要通过陈列效果促进销售的商品	（1）突出商品的高级感、新鲜感 （2）即使商品的陈列量不是很大，也会提高商品的存在感 （3）提高顾客对商品的注意率

相关链接

卖场陈列的艺术化趋势

1.展示与陈列的个性化、多样化

商品展示与陈列设计紧随和适应社会的变化，特别是随着消费者价值观和生活方式的变化而变化。商品展示与陈列以其多样化的形式风格，显示出一个个性化、多样化的购物场景和品牌形象。商品展示与陈列的艺术效果不仅要体现在消费者目前所需要的商品上，更应反映其心目中所追求的品牌形象与购物场景。

2.展示与陈列的去商业化倾向

商品展示与陈列的商业气息开始淡化，文化色彩明显增强。主要表现在以下三个方面。

（1）功能多样化，商超卖场不仅是购物中心，还增添了一些文化娱乐设施、饮食服务设施等。顾客不仅能购物，同时还可以获得文化、精神各方面的享受。

（2）注意情节性场面的营造，追求舞台化的艺术效果，从而在消费者的思想深处留下深刻的印记。商品展示与陈列的舞台效果将带给顾客美好的艺术熏陶和享受。

（3）现代派艺术的引入，影响卖场展示与陈列风格的形成与发展。如现代派的雕塑、绘画、建筑等均在当代卖场展示与陈列中有所体现。通过卖场展示与陈列艺术，顾客仿佛看到了现代艺术的生活剪影。

现代的商业经营不再是简单的纯商业活动，而是与顾客进行各种心理交流的特殊活动。卖场的商品展示与陈列不能仅仅停留在开架售货或疏密有致的简单摆放上，而要利用美学、心理学、人体工程学、社会学、行为学等方面的知识，通过商品缩短买卖双方的距离，了解顾客喜爱观赏商品的特点和习惯，最大限度地吸引顾客的注意力。

3.新的销售空间设计观念

将大自然引入销售空间——室内外的转换与交汇，特别是卖场室内的室外化倾向，使室内外连为一体，自然景观赏心悦目，整个卖场气氛舒适温馨。运用材料、色彩、光照变化等，使狭小的空间扩大，使空旷的空间不空荡，避免特殊空间可能带来的一切引发消极视觉的心理反应。

4.展示与陈列呈现多种文化风格

在现代商品的展示与陈列中，为了不断给顾客留下富有新意的印象，不同的卖场应风格各异，突出工业美、科技美与天然材质美，现代派与怀古传统派并存，国际派与地方派互补，呈现出多种文化风格。

第五节　引进新商品

商品的生命力是决定卖场和供应商经营状况及利润的核心指标，鲜活的商品如同流动的血液般维持着商超的正常运行。

一、新商品的概念

市场营销学的观念认为，产品是一个整体概念，包括三个层次，具体如图3-26所示。

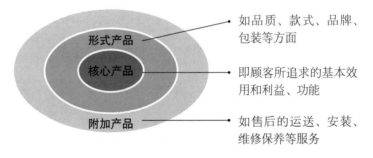

图3-26　产品的三个层次

只要产品整体概念中任何一个层次发生了创新、变革与调整，都可被称为新商品。不仅新发明创造的产品是新商品，而且改进型产品、新品牌产品、新包装产品都可称为新商品。当然，新商品的核心就是产品整体概念中的核心产品，即能给消费者带来新的效用和利益的那部分内容，它也是商超管理者在引进新商品时必须优先考虑的因素。

二、新商品引进的作用

新商品的引进是商超经营活力的重要体现，是保持和强化商超经营特色的重要手段，是商超创造和引导消费需求的重要保证，是商超优化商品结构和寻找新的经营增长点的重要方法。

三、新商品引进的原则

由于经济和生产力的飞速发展，消费者个性化的消费倾向逐渐加强，商品生命周期演变过程越来越短，可供挑选的新商品越来越多。如何在商品的海洋里找到真正适合本商超经营的新商品，已经成为商超的一个重要课题。对此，商超管理者可以参考图3-27所示的原则引进新商品。

图3-27 新商品引进的原则

1.具有独特性

一个新商品具有区别于其他同类商品的特点，并且这种特点能够为顾客所接受，是商超选择新商品的一个基本条件。在选择新商品时，商超管理者要考虑其"新"主要表现在哪个方面，这包括图3-28所示的内容。

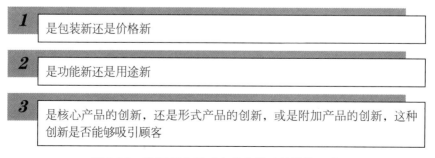

图3-28 选择新商品时应考虑其独特性的因素

如果新商品不具备独特性,即使交易的条件再好也不能引进。

2.符合卖场的商品结构

新商品符合卖场的商品结构,也是商超管理者选择新商品的一个基本条件。

比如,某超市一直以诚信作为经营的根本,但新商品没有卫生合格证书,商品质量无法保证,如果引进新商品出现质量问题,就会破坏该超市在顾客心目中的形象,因而坚决不能引进该商品。

又如,某商场原本经营的服饰多为500元以内的休闲服,如果现在要引进上千元一套的品牌西装,就不符合该商场商品结构特点,这样的引进很可能会失败。

3.具有销售潜力

新商品具有销售潜力,也是商超管理者选择新商品的一个基本条件。商超管理者要重点考虑图3-29所示的事项。

图3-29　选择新商品时应考虑其销售潜力的因素

4.制定销售指标

新商品的引进,不是引进卖场以后就结束了。商超管理者在选择新商品时,要为新商品制定一个试销期内的销售指标,通常新商品的试销期为三个月。如果在试销期内达不到销售指标,新商品就必须退场,同时相关的费用也不退回给供应商。没有销售指标的新商品不能进场,商超管理者要把好这个关。

5.商品生命周期合适

任何商品都有一个"引进期→成长期→成熟期→饱和期→衰退期"这样的商品生命周期。商超管理者在引进新商品前,要进行详细的市场调查,以免引进一些已处于饱和期后期甚至是衰退期的新商品,调查的内容如图3-30所示。

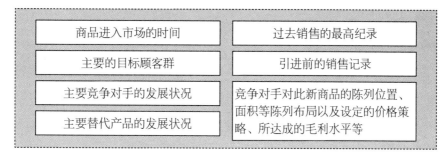

图3-30　引进新商品前市场调查的内容

6.有消费者价值

从消费者价值的角度去分析新商品，看它是否能够为消费者带来高使用价值和附加价值，是否能够改进消费者某一方面的生活质量，是否能够为消费者所接受。一句话：新商品是否能让消费者感到物有所值。商超管理者在引进新商品时，要站在消费者的角度来作选择。

7.有促销费用支持

大多数的新商品在刚进入卖场时，都不会马上为顾客所接受，顾客对于新商品有一个认识和接受的过程，为了缩短这一过程，新商品就必须有促销推广的计划。因而同等条件下，有周密促销计划的新商品，被引进的可能性要远远大于没有促销计划的新商品。同时，新商品是否有一定的新品牌进场费、新品费、上架费等相关费用的支持，也是引进时要考虑的重要因素。

8.供应商过往配合积极

供应商过去对门店的各项工作很支持，配合度很高，在新商品要进场时，就可以给予适当照顾；供应商过去对门店的各项工作不支持，甚至还经常不配合，在其新商品进场时，就要适当严格一些。对新商品引进的控制也是控制供应商的一个方面，而且主动权应该掌握在门店一边，但应注意适度，不允许借机报复。

9.有合适的交易条件

交易条件包括付款方式、退换货的处理、送货配合等，要考虑这些交易条件是否对门店有利，如果不利，供应商应做出哪些其他让步。

> **小提示**
>
> 商超开业后，特别是在品项较丰富的前提下，商超管理者要对新商品的交易条件严格把关。

10.有陈列空间

商超的经营场地和货架资源是有限的，如果忽视陈列的实际情况，盲目引进新商品，就会给营运部门的陈列增加难度。商超管理者在引进新商品前，要对门店陈列的基本情况做到心中有数。哪些品类陈列空间还有剩余，新商品在何处陈列，陈列的位置和面积大概需要多少，如果陈列不下，要淘汰哪些旧商品，这些都是需要考虑的因素。

第六节　淘汰滞销商品

滞销商品可看作是商超经营的毒瘤，直接侵蚀商超的经营效益，造成商超资金的积压和陈列资源的浪费。通过科学的滞销商品淘汰机制，商超可以保持商品的新鲜度和竞争力，提升顾客满意度和忠诚度，进而实现可持续发展。

一、滞销商品的特征

滞销商品通常具有表3-15所示的特征。

表3-15　滞销商品的特征

序号	特征	说明
1	销量低	滞销商品的平均销量较低，库存周转率和同类商品比较也较慢，有的滞销商品只在促销期内才有销量
2	利润贡献度较低	滞销商品的平均利润贡献度较低，和同类商品比较，利润排名也较靠后。此处所指利润是指通过销售实现的利润
3	损耗和质量	由于滞销商品的库存周转时间较长，由此造成的损耗很大。因为库存时间长，质量也容易出现不稳定的情况，经常发生变质
4	其他	有两种类型的商品，虽然销售得不算差，但也可以把它们归到滞销商品的范围里：一种是货源供应不稳定的商品，一种是缺货率过高的商品。不管是前者还是后者，都造成了商超的销售和陈列损失，长此以往还会影响到商超的信誉，造成客流的减少

二、滞销商品的辨识

商超管理者可以按照图3-31所示的方法来辨识滞销商品。

商品销售排行榜
从每天、每周、每月的销售排行榜中可以看出哪些是滞销商品

最低销售量或最低销售额
对于那些单价低、体积大的商品,可规定一个最低销售量或最低销售额,达不到这一标准的,列入滞销商品

商品质量
被技术监督部门或卫生部门宣布为不合格商品的,应将其淘汰

图 3-31 滞销商品的辨识

三、滞销商品的处理

对卖场的滞销商品,商超管理者要及时处理。针对需要淘汰的滞销商品,处理方式有以下两种。

1.实际退货方式

实际退货方式,即把要淘汰的商品实际退回给供应商。实际退货的处理方式主要有图 3-32 所示的两种。

总部集中退货方式
总部集中退货方式即将各门店所有库存的淘汰商品,在规定的日期集中于配送中心,连同配送中心库存的淘汰商品,在退货期一并退送给供应商

门店分散退货方式
门店分散退货方式即各门店和配送中心将自己库存的淘汰商品,统计、撤架、集中后,在总部采购部的统一安排下,由供应商直接到各门店和配送中心取回退货

图 3-32 实际退货的处理方式

2.非实际退货方式

为了降低退货过程中的无效物流成本,节约双方的物流费用,也可以采取非实际退货方式来处理淘汰商品,也就是在淘汰商品确定后,商超管理者立即与供应商进行谈判,争取达成一份退货处理协议,按图 3-33 所示的两种方式处理退货。

这种退货处理方式除了能大幅度降低退货的物流成本之外,还为门店的促销活动增添了更丰富的内容。

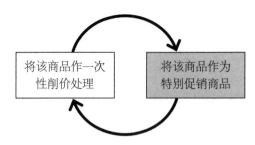

图3-33 非实际退货的处理方式

在使用非实际退货方式时需要注意以下事项。

① 选择非实际退货方式还是实际退货方式的标准,是削价处理或特别促销的损失是否小于实际退货的物流成本。

② 采取非实际退货方式,在签订的退货处理协议中,要合理确定双方对价格损失的分摊比例。在协商一致后,要督促供应商以最快的速度补回其应分摊的比例。否则可对其进行罚款或通知财务推迟付款。

③ 对那些保质期是消费者选择购买重要考量因素的商品,商超与供应商之间也可采取非实际退货处理方式(虽然此类商品不属于淘汰商品,如鲜奶),签订一份长期的退货处理协议,只要发现有该类商品即将到达保质期,双方对数量确认一致后,商超对剩余的库存商品作削价处理,或作为特别促销商品来处理。

第四章

采购与供应链管理

第一节 供应商管理

供应商管理是一项承上启下的工作，是衡量商超门店在管理上是否专业与规范的标志。良好的供应商管理，可以提高供应链的效率和质量，降低成本和风险。

一、供应商的开发

商超要做好采购工作，最主要的问题是开发合适的供应商。一个合适的供应商能提供卓越的品质、足够的数量、合适的价格、准时交货的保障以及良好的售后服务。

一般来说，供应商的开发流程如图4-1所示。

图4-1 供应商的开发流程

1.供应市场竞争分析

在供应商开发的流程中，首先要对特定的分类市场进行竞争分析，要了解谁是市场的领导者，目前市场的发展趋势是怎样的，各大供应商在市场中的定位是怎样的，从而对潜在供应商有一个大概的了解。

比如，可将所需商品按ABC分类法找出重点商品、普通商品和一般商品，根据商品重要程度决定与供应商关系的紧密程度。

2.寻找潜在供应商

在上述分析的基础上，可以建立初步的供应商数据库并作出相应的产品分类，如用品类、设备类等。

接下来就可以寻找潜在供应商，对其进行调查。经过对市场的仔细分析，采购人员可以通过各种公开信息和公开的渠道得到供应商的联系方式。这些渠道包括现有资料、供应商的主动问询和介绍、专业媒体广告、互联网搜索等方式，调查工作可以通过"供应商调查表"进行。

3.对供应商的实地考察

通过供应商调查可以初步确定几家供应商，然后对其进行现场考察，考察要点如图4-2所示。

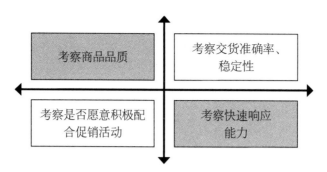

图4-2 对供应商实地考察的要点

4.对供应商的询价与报价

对合格的供应商发出询价文件,一般包括图纸和规格、样品、数量、大致采购周期、要求交付日期等细节,并要求供应商在指定的日期内完成报价。

在收到报价后,要对其条款仔细分析,包括传真、电子邮件等,对其中的疑问要彻底澄清,并做相应记录。根据报价中大量的信息进行分析,比较不同供应商的报价,选择报价合适的供应商。

5.合同谈判

与报价合适的供应商进行合同签订前的谈判,谈判主要包括图4-3所示的内容。

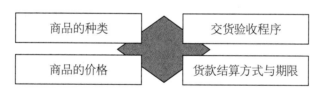

图4-3 合同谈判的内容

6.确定供应商

经过以上各个步骤,商超就可以最终选定与之达成一致的供应商,并与其签订供货合同。合同签订后,供应商要按照合同要求准时、保质供货,商超则要在约定的付款期限内付款。

二、供应商的选择条件

商超是一个庞大的销售网络,是众多供应商理想的销售渠道,但商超受卖场和经营品种的限制,必须对希望进入商超的众多供应商进行选择。供应商良莠不齐,如果想有效地执行采购工作,选择合格的供应商是商超采购管理的首要任务。

一般来说,商超在选择供应商时应满足图4-4所示的条件。

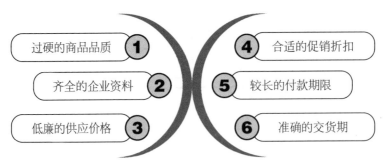

图4-4 选择供应商的条件

1. 过硬的商品品质

供应商提供的商品质量好与坏、高与低是选择供应商的第一条件。供应商最好取得国际标准化组织（ISO）认证，并有质量合格证、商检合格证等。

我国商品的产品执行标准有国家标准、专业（部）标准及企业标准，其中又分为强制性标准和推荐性标准。但通常在买卖的合同或订单上，供应商的商品质量是以图4-5所示的各种形式中的一种来表示的，这也是选择供应商的重要标准之一。

图4-5 供应商商品质量的表现形式

2. 齐全的企业资料

商超是遵纪守法、诚信经营的企业，同样也要求供应商遵纪守法。由于市场上的供应商相当多，并不是所有的供应商都能成为商超的供应商。对于初次与商超接触的供应商，务必要求其提供相关的资料，以便对其资信等各方面进行调查、评估。这些资料主要包括图4-6所示的内容。

图4-6 供应商应提供的相关资料

除以上基本文件外，各地工商部门、技术监督部门、卫生检验部门可能还会针对各地自身的情况，对生产或经销商品的单位有一些特殊的规定及要求。

比如，外地企业生产的食品类商品进入本地销售，许多地方要求生产企业必须办理进入当地销售的许可证。此证通常在卫生防疫部门办理，但各地会有差异。

除以上基本文件资料外，供应商还应提供或填写"供应商简介""供应商基本资料表""供应商商品报价单"及一套完整的产品目录、图片或样品。

3.低廉的供应价格

供应商低廉的供应价格是相对于市场价格而言的。如果没有相同的市价可查，应参考类似商品的市价。

商超要想获得供应商低廉的供应价格，可通过单独向供应商采购或由数家供应商竞标的方式来达成目的，具体方法如图4-7所示。

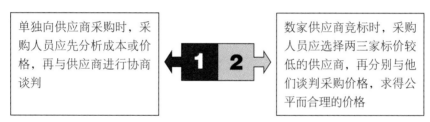

图4-7 取得低廉供应价格的方法

> **小提示**
>
> 在使用竞标方式时，采购人员切勿认为能提供最低供应价格的供应商即为最好的供应商。

另外，商超在选择供应商时不能一味追求低廉的价格，必须综合评价供应商的送货、售后服务、促销支持、其他赞助等方面。所以有些商超会放弃与提供极低价格的供应商合作，而选择与不愿意提供极低价格的供应商合作，因为通常与提供极低价格的供应商合作，商超在产品质量、货源保证、售后服务、促销活动及其他赞助上会有更多的营销费用支出。

4.合适的促销折扣

理想的供应商应能向商超提供合适的促销折扣，因为商超的许多商品都必须进行打折促销。

比如，某供应商提供的折扣无法将商品售价调整到足以吸引顾客上门的程度，就算商超与这一供应商合作，这一关系也不可能持久。由于这种交易不利于树立商超的价格形象，因此最好不要选择这样的供应商。

一般来说，商超促销所选择的品类都是一些价格较低的商品，包括畅销的、高周转率的、大品牌的日用消费品，它们能得到供应商强有力的促销支持。

> **小提示**
>
> 促销是商超营销最重要的手段，但促销的成功与否，全赖于商超选择的商品是否正确、供应商是否支持，以及售价是否能吸引顾客上门。

5. 较长的付款期限

付款期限是供应商用来商谈采购价格的砝码。在国内一般供应商的付款期限（账期）是月结30～90天，视不同的商品周转率和商品的市场占有率而定。对商超而言，一般的食品干货类商品账期在货到45天以上，百货类商品的账期在货到60天以上。而且由于商超实行每月统一付款，供应商实际收到货款的时间要比合同上约定的时间平均延长15天。

在正常情况下，商超的付款作业是在交易齐全时，按买卖双方约定的付款天数（账期），由银行直接划款至供应商的账户。

> **小提示**
>
> 商超应尽量选择最有利的付款天数（账期），对于惯于外销或市场占有率高的供应商，一般要求的账期都比较短，有的甚至要求支付现金或预付款，如果其商品易于销售，知名度高，也可以选为供应商。

6. 准确的交货期

在商超使用电脑计算订单数量的公式中，交货期是个重要的参数，因此采购人员应要求供应商以最短的时间交货，这样就能降低存货的投资。

但是不切实际地压缩交货期，将会降低供应商商品的质量，同时也会增加供应商的成本，反而影响商超的价格优势及服务水平。因此商超应随时了解供应商的生产情况，以确立合理及可行的交货期。

一般而言，本地供应商的交货期为2～3天，外地供应商的交货期为7～10天。

三、供应商的评价考核

供应商的评价考核是指持续不断地对现有供应商保持监督，观察其是否能够实现预期绩效；对新供应商进行甄别，看其潜力是否能达到商超日常销售所需水平。对供应商的评价考核步骤如图4-8所示。

图4-8 评价考核供应商的步骤

1.明确评价考核的目的

商超在对供应商进行考核时，要明确评价考核的目的，具体如图4-9所示。

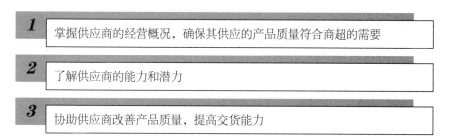

图4-9 评价考核的目的

2.建立评分体系

供应商的评分体系既是用于对供应商响应各种要求的达成情况进行计量评估的体系，同时也是为了综合评价供应商的质量与能力而设立的体系。不同商超对供应商的评分体系不尽相同，但通常都有交货质量评分、配合状况评分、交货及时度评分等三个主项，商超可以以这三个项目为重点，对供应商进行评价。

3.确定评价周期

商超对供应商的评价通常每季度或每年进行一次。

4.实施评价

商超按制度规定的周期对供应商进行评价，在评价过程中最好制定一些标准化的表格，用于评价工作中。

商超也可利用分类管理法，把供应商评价分为A、B、C、D四级，其中A级厂商通常由采购主管管理，或由采购主管决定合作方式。

相关链接

××超市供应商评价表

项目	评价				得分
	A	B	C	D	
商品畅销程度	非常畅销（10）	畅销（8）	普通（6）	滞销（2）	
次品率	<2%（15）	≥2%～<5%（15）	≥5%～<10%（10）	≥10%（6）	
配送能力	极佳（15）	佳（10）	差（5）	极差（2）	
供应价格	比竞争店优惠（20）	与竞争店相同（18）	略差于竞争店（10）	与竞争店差距大（2）	
促销配合	极佳（15）	佳（10）	差（5）	极差（2）	
商品品质	佳（10）	可（8）	差（5）	常有坏品（2）	
退货服务	准时（10）	偶误（8）	常误（5）	极误（2）	
经营潜能	极佳（15）	佳（10）	普通（6）	小（3）	
备注	评价每半年一次，一年两次，取平均得分；得分70分以上为A，60～69分为B，51～59分为C，50分以下为D；A级供应商年度表扬				

5. 根据评价结果实施奖惩

根据评价的结果，给予供应商升级或降级的处理，并根据对采购策略的考虑，对合格、优良的供应商予以优先议价、优先承揽的奖励，对不符合标准的供应商予以拒绝往来的处理。

四、与供应商双向沟通

与供应商双向沟通就是定期地或不定期与供应商进行交流，通过交流交换彼此的意见。沟通的状况，应当作为衡量供应商表现的指标之一（而且是重要指标），并将其纳入对供应商的监督、评价之中，作为评定其等级的依据。

1. 建立沟通渠道

要进行双向沟通，首先必须建立沟通渠道，包括定期会议（如月度/季度供应商大会）、电子邮件、电话会议、即时通信工具等，确保双方能够及时、有效地传递信息。商超通常会规定这种沟通渠道，采购人员应该好好利用这些渠道。

2.建立沟通程序

为了使双向沟通更有效,商超和供应商都应建立相应的程序。该程序应当规定定期沟通和不定期沟通的时间、条件、内容、方式等,例如每月举行一次沟通会议等。

3.对拒绝沟通的处理

对拒绝沟通或沟通不及时的供应商,要让其限期改进。如果供应商不改进,就应考虑将其从"合格供应商名单"中除名。

4.做好沟通记录

每次沟通都应当做好记录,要注意记录参与沟通的人员、沟通的内容、沟通需要解决的事项等。

五、对供应商实施有效激励

商超对供应商实施有效的激励,有利于增强供应商之间的适度竞争,提高供应商供货的积极性。这样可以保持商超对供应商的动态管理,提高供应商的服务水平,降低商超采购的风险。

1.激励标准的制定

激励标准是对供应商实施激励的依据,商超制定对供应商的激励标准时需要考虑图4-10所示的因素。

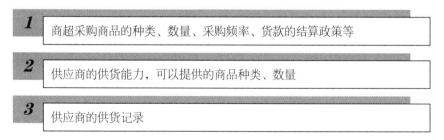

图4-10 制定激励标准要考虑的因素

2.激励方式的选择

按照实施激励的手段不同,可以把激励分为两大类,即正激励和负激励,具体内容如图4-11所示。

3.激励效果的检查

实施激励之后,商超要采取一定的调查方法,对激励效果进行调查,以确认激励是否有效,如果激励效果不够好,可以对激励的方式进行必要的调整。

正激励：根据供应商的绩效评价结果，向供应商提供的奖励性激励，目的是使供应商受到这样的激励后，能够提高服务水平

负激励：对绩效评价较差的供应商提供的惩罚性激励，目的是使其痛定思痛，或者将该供应商从"合格供应商名单"中除名

图 4-11 激励供应商的方式

六、供应商的适时淘汰

供应商的适时淘汰是指将不符合商超供货要求，丧失供货资格的供应商淘汰出场，其操作流程如图 4-12 所示。

图 4-12 淘汰供应商的流程

1. 检查

采购部每周对已入场三个月的供应商进行一次检查，编制供应商销售排行榜。同时，列出"供应商经营情况一览表"，内容包括编号、供应商名称、进场日期、品种数、平均日销量、结款方式、库存金额等。

2. 考察

采购部对供应商的供货情况及商品销售情况进行考察，确定是否保留其供货资格，对不合格的供应商应取消其供货资格。

3. 审批

商超管理者审批通过，确定该供应商被淘汰。采购部将该供应商资料设为不可订或不可进，并编制淘汰供应商名单。

4. 退货

将淘汰供应商在商超内尚存的商品全部下架，集中起来，按合同作退货处理，通知供应商前来取回退货。

5. 结清货款

财务部汇总并收取相关费用，结清淘汰供应商的货款。

第二节 采购过程控制

为了保证企业能采购到适销对路的商品，商超管理者必须根据企业实际状况来确定采购渠道、做好采购业务决策、进行采购洽谈、签订采购合同，加强对商品采购过程的管理，确保采购工作圆满完成。

一、采购计划的制订

制订合理的采购计划既可以有效地规避风险、减少损失，又可为商超组织采购提供依据，同时也有利于资源的合理配置，取得最佳的经济效益。

1.采购计划的关键点

在一定程度上说，采购计划就是决定商品采购额的计划。

采购计划要在对各种内外部信息资料进行分析的基础上制订，其中有两个关键点，具体如图4-13所示。

图4-13 采购计划的关键点

2.确定采购预算

采购预算一般以销售预算为基础予以确定。

比如，某商场某月的销售额达到200万元，假定商场的平均利润率为15%，那么该商场的月采购目标就是：

$$200 \times (1 - 15\%) = 170（万元）$$

按同样的道理，也可以推算出商场的年采购目标。当然，这个公式仅仅是销售成本计算公式，并没有估计到库存量的实际变化。采购预算还要加上或减去希望库存增加或削减的因素，其计算公式应为：

$$采购预算 = 销售成本预算 + 期末库存计划额 - 期初库存额$$

> **小提示**
>
> 采购预算在执行过程中，有时会出现情况的变化，所以有必要进行适当的修订。商超实行减价或折价后，就需要增加销售额；商超库存临时新增促销商品，就需要从预算中减去新增商品的金额。

3.确定采购项目

采购什么样的商品项目，是在对收集到的有关市场信息进行分析研究后确定的。在此过程中，除了要考虑过去选择商品项目的经验、市场流行趋势、新产品情况和季节变化等外，还要重点考虑对主力商品和辅助商品的安排。

4.确定采购数量

采购的商品数量会影响到销售和库存，关系到销售成本和经营效益。如果采购商品过多，会造成商超商品的保管费用增多；资金长期被占用，也会影响资金的周转率和利用率。但如果采购商品太少，不能满足顾客的需要，会使商超商品脱销，失去销售的有利时机。而且，每次采购商品过少又要保证商品供应，势必增加采购次数，频繁的采购会增加采购支出。

为了避免出现商品脱销和商品积压这两种经营失控的现象，有必要确定最恰当的采购数量。解决这一问题的办法，就是在确定商品总采购量后，选择恰当的采购次数，分次购入商品。

5.确定供应商

确定了采购商品的品种和数量后，还要确定从哪里采购、什么时间采购，以保证无缺货事故的发生。应当选择信誉好的制造商、供应商进货，这样可以使商品质量和供应时间都能得到保障。

6.确定采购时间

每种商品都有一定的采购季节。适时采购不仅容易购入商品，而且价格也较便宜，过早购入会延长商品的储存时间，导致库存积压。所以应权衡利弊，选择合理的采购时间。

二、采购业务的洽谈

在对供应商进行评价选择的基础上，商超的采购人员必须就商品采购的具体条件进行洽谈。在采购谈判中，采购人员要就购买条件与对方磋商，提出采购商品的数量、花色、品种、规格要求，商品质量标准和包装条件，商品价格和结算方式。交货方式、交货期限和地点也要双方协商，达成一致，然后签订购货合同。

1.谈判的基本目标

在与供应商谈判前，采购人员必须有一个基本的目标作为准备相关资料的依据，谈判的基本目标如图4-14所示。

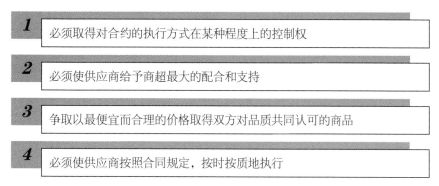

图4-14 谈判的基本目标

2.谈判的内容

谈判的内容包括商品品质、订购量、商品包装、售后服务、商品价格、促销、折扣、营业外收入、付款条件等。具体如表4-1所示。

表4-1 谈判的内容

序号	类别	具体内容
1	商品品质	（1）品质必须符合买卖双方约定的要求或规格。供应商必须具有以下关乎商品品质的文件：产品规格说明书、检验方法、产品合格范围 （2）采购人员应尽量向供应商索取以上资料，以利于未来的交易 （3）采购人员在洽谈时，应首先与供应商就商品达成相互统一的品质标准，以避免日后的纠纷或法律诉讼。对于瑕疵品或仓储运输过程中损坏的商品，应要求退货或退款
2	商品包装	（1）内包装。用来保护商品或说明商品用途的设计良好的内包装，通常能激发客户的购买意愿，加快商品的周转。采购人员应说服供应商加强对商品内包装的设计 （2）外包装。仅用于仓储及运输过程的外包装通常扮演非常重要的角色。倘若外包装不够坚固，在仓储运输过程中损坏太大，会降低作业效率，并影响利润；若外包装太坚固，则供应商成本增加，采购价格必然偏高，导致商品的价格缺乏竞争力
3	商品价格	除了品质与包装之外，价格是所有采购洽谈中最重要的项目。比如新商品价格折扣、单次订货数量折扣、累计进货数量折扣、不退货折扣（买断折扣）、提前付款折扣及季节性折扣等

续表

序号	类别	具体内容
4	订购量	订购以适当、及时为原则，不能以供应商希望的数量为依据。否则，一旦存货滞销时，会导致利润降低、资金积压及空间浪费
5	付款条件	付款条件与采购价格息息相通，一般供应商的付款条件是月结60～120天，买方付款时可获3%～6%的折扣。采购人员应计算最有利的付款条件
6	交货期	（1）一般来说，交货期越短越好。因为交货期缩短的话，订货的次数可以增加，订购数量就可以相应减少，库存会降低，仓储空间的需求就会减少 （2）对于有时间承诺的订货，采购人员应要求供应商分批送货，以减少库存压力
7	售后服务	（1）对于需要售后服务的商品，例如家电商品，电脑、相机等电子产品，手表等，采购人员应在洽谈时，要求供应商在商品包装内，提供该项商品售后服务维修单位的名称、电话及地址，使顾客日后需维修所购商品时，直接与维修单位联络 （2）采购人员与货物进口商洽谈时，必须要求货物进口商提出有能力做好售后服务的保证，并在商品包装内提供保证单
8	促销	（1）促销包括促销保证、促销组织配合、促销费用承担等 （2）在策略上，通常采购人员应在促销活动的前几周停止正常订购，而着重订购特价商品，以增加利润
9	广告赞助	为增加商超的利润，采购人员应积极与供应商洽谈，争取更多的广告赞助。广告赞助所在位置如下： （1）促销快讯 （2）前端货架 （3）统一发票背后 （4）停车看板 （5）购物车广告板 （6）卖场灯箱
10	进货奖励	（1）进货奖励是指某一时间内，达到一定的进货金额，供应商给予的奖励 （2）数量奖励是指对一定的订货数量给予某种幅度的折扣 （3）采购人员应适当地要求供应商给予进货额1%～5%的年进货奖励，来提高利润
11	备注	上述洽谈内容加上违约责任、合同变更与解除条件及其他必备内容就形成采购合同

3.谈判的技巧

在采购谈判中，采购人员应当根据不同的谈判内容、谈判目标和谈判对手等具体情况，运用不同的谈判技巧和战术，以推进谈判的进程，使之取得圆满的结果。

相关链接

采购谈判的10个技巧

采购谈判技巧是采购人员的利器。谈判高手通常都愿意花时间去研究这些技巧，以求事半功倍。下列谈判技巧值得零售企业的采购人员研究。

1. 避免谈判破裂

有经验的采购人员，不会让谈判轻易破裂，否则根本就没必要谈判。他总会给对方留一点退路，为双方冷静下来以后的下一次谈判留一个伏笔，没有达成协议总比不欢而散或是勉强达成协议好。如果遇上供应商支持竞争对手的情况，也不要马上和其撕破脸，可以从陈列、订货、结算上给予牵制，也可以用全力支持该供应商的直接竞争对手的方式来刺激该供应商。

2. 只和有决策权的人谈判

本公司的采购人员接触的对象可能有业务员、业务经理、经理、董事长等，采购人员不和对谈判内容无决策权的人员谈判，以节约时间和提高工作的效率。一般的谈判可以和业务员或业务经理谈，但重要的谈判需要和经理或董事长谈，或由他们授权给业务员或业务经理来谈。和没有决策权的人员谈判，可能会事先暴露采购人员的立场，让对方有充分的时间来做准备。

3. 在本公司谈判

在本公司谈判，首先在心理上就占了上风，还可随时得到其他同事的支援，节约了相关的费用，将天时、地利、人和的优势发挥到极致。

4. 引导对方满足自身需求

有经验的采购人员知道对方的需要，所以尽量在小处上满足对方，在对方自以为占到便宜时，逐渐引导对方满足自己的需求。比如，供应商希望将自己的商品从货架的最底层陈列到第二层，采购人员不仅一口答应，而且还主动提出可以放到第三层，让供应商觉得自己占了个大便宜。但接着采购人员提出，原来放在第三层的商品是付了陈列费的，有效期到这个月，供应商觉得现在才月初，到了下个月这个商品的销售旺季就过去了，因而提出也可付费陈列。最后，该供应商不仅支付了300元/月的陈列费，还主动提出将供货价格下调2%，开展为期一个月的促销活动。

5. 紧紧抓住主动权

攻击是最佳的防御，对于一些沉默、内向的谈判对手，采购人员应尽量以自己预先准备好的问题，以开放式的提问方式，让对方不停回答，从而暴露出对方的立场，然后再抓住对方露出的破绽，乘胜追击，对方若难以招架，自然会做出让步。

6.必要时转移话题

对于一些个性较强、外向的谈判对手,在双方就某一问题或细节纠缠不休、无法谈拢时,有经验的采购人员会及时转移话题,或是喝茶暂停一下,或另约时间再谈,以缓和紧张气氛,但转移话题的方法要适当,不要让对方认为采购人员是在软弱退让。可以用要开会或另约了人为借口。

7.尽量做一个好的倾听者

一般人都比较爱面子,虚荣心强。在谈判时,有的供应商总喜欢表现自己在某一方面的特长,或是对某些方面的熟悉,比如和某人是朋友、认识某人。采购人员碰到这类情况时,不要急于表态,尽量做一个好的倾听者,通过对方的言语和动作,了解对方的谈判立场。而且大多数人都是讲道理的,面对一个好的倾听者,在不知不觉中会减弱戒备之心,这时采购人员的机会就来了。

8.尽量为对方着想

全世界只有极少数人认为谈判时应赶尽杀绝,丝毫不能让步。事实证明,大部分成功的谈判,都是在彼此和谐的气氛下进行的。若轻易许诺、欺骗对方又不兑现,或是居高临下以老大的姿态来威胁对方,谈判注定会失败。成功的谈判结果是双赢,供应商是商超的重要伙伴,而不是出气的对象,在尽力维护公司利益的同时,也要尽量为对方着想。

9.不接受以增加商品种类为附加条件的优惠

供应商经常以种种理由全力推销其所有商品,但采购人员只坚持销售周转率高的商品,供应商常会说,如果进全其商品,就会给公司更多的优惠。请注意,如果采购人员答应了一个,就会有第二个,到时很难控制整个商品结构,而且也会给其他部门带来很多不便,比如,由于优惠条件,财务部增加了处理账务的时间;由于滞销,营运部门增加了管理的难度;由于商品品项过多,仓管部门增加了库存管理的难度。

10.切忌盲目砍价

采购人员经常性地和供应商议价,是保持商品最低进价的一个有力手段,但切忌盲目砍价而忽略了其他要点,眼里只有价格这个唯一的谈判内容,造成供应商以次充好、变相提高进价的情况,实际上上了供应商的当。

三、采购合同的签订

在采购人员和供应商经过谈判,供应商接受商超的商品政策,并就其他问题与采购人员达成一致后,接下来双方要做的就是签署正式的合同和加盖合同章(或公章),然后双方就可以开始正式的合作了。

1. 合同的内容

一份严谨的商品采购合同的主要内容如表4-2所示。

表4-2 合同的内容

序号	项目	说明
1	商品的品种、规格和数量	商品的品种应具体，避免使用综合品名；商品的规格应规定颜色、式样、尺码和牌号等；商品的数量多少应按国家统一的计量单位标出。必要时，可附上商品品种、规格、数量明细表
2	商品的质量和包装	合同中规定商品应符合的质量标准，注明是国家或部颁标准，无国家和部颁标准的应由双方协商凭样订（交）货。对副、次品应规定一定的比例，并注明其标准；对实行保换、保修、保退办法的商品，应写明具体条款；对商品包装材料、包装式样、规格、体积、重量、标识及包装物的处理等，均应有详细规定
3	商品的价格和结算方式	合同中对商品价格的规定要具体，规定作价的办法和变价处理等，以及规定对副品、次品的折扣办法，规定结算方式和结算程序
4	交货期限、地点和发送方式	交（提）货期限（日期）和地点要按照有关规定，并考虑双方的实际情况、商品特点和交通运输条件等确定。同时，应明确商品的发送方式（送货、代运、自提）
5	商品验收办法	合同中要具体规定在数量上验收和在质量上验收商品的办法、期限和地点
6	违约责任	签约任何一方不履行合同，违约方应负违约责任，赔偿对方遭受的损失。在签订合同时，应明确规定，供应商有以下三种情况时应付违约金或赔偿金： （1）未按合同规定的商品数量、品种、规格供应商品 （2）未按合同规定的商品质量标准交货 （3）逾期发送商品。若购买者有逾期结算货款或提货，临时更改到货地点等行为，也应支付违约金或赔偿金
7	合同的变更和解除条件	（1）在什么情况下可变更或解除合同，什么情况下不可变更或解除合同，通过什么手续来变更或解除合同等问题，都应在合同中予以规定 （2）除此之外，采购合同应视实际情况，增加若干具体的补充规定，使签订的合同更切实际，更有效力

签订购货合同，意味着双方形成交易的法律关系，应承担各自的责任义务。供应商按约交货，采购方支付货款。

2.签约

不同规模的商超有不同的组织架构,其签约的流程也不尽相同。这里以大中型商超为例,简单介绍其签约流程,具体流程如图4-15所示。

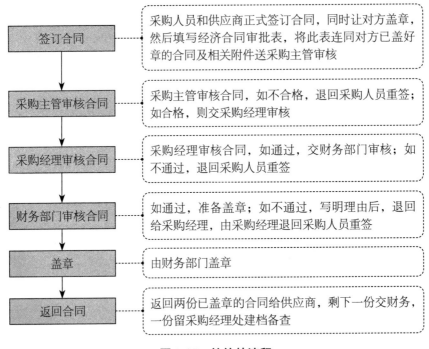

图4-15 签约的流程

四、采购合同的日常管理

在合同正式签订后,有一份合同留在采购部门,采购部门要做好分类、登记、归档的工作,制作好合同资料表,一式两份,以方便采购部门(只有所管辖采购组的合同资料表)查询。

如果有同一个供应商对应多个采购组的合同,采购部门要分清楚该供应商给各采购组的不同条件,并将条件分别登记到各个对应采购组的合同资料表中。

商超管理者要注意对合同执行情况进行监控,根据采购部门整理的合同资料表,一个月检查一次合同的执行情况(要把这项工作记到每周工作计划表中)。发现偏差要及时纠正,如果采取措施后不见整改,有必要考虑是否对该供应商进行清场,或对采购人员进行调整。对于每月合同的执行情况,可以使用合同履行月报表来进行管理,要求每个采购人员根据本组各供应商本月合同的履行情况,填写好本组的合同履行月报表,并在下月的3日之前交采购主管审批。采购主管根据合同资料表的记录,核实本部门供应商履行合同的情况,并在下月5日之前汇总交到商超管理者处。

第三节　供应链协同管理

商超供应链协同管理是指商超企业与其供应链上下游企业（包括供应商、生产商、分销商、物流服务商等）之间建立紧密的合作关系，通过信息共享、资源整合、业务协同等方式，实现供应链的全面管理和优化，以提高供应链管理的效率和透明度，降低供应链管理的成本和风险，最终提升商超企业的竞争力和市场占有率。

一、供应链协同管理的必要性

实行供应链协同管理的必要性体现在图4-16所示的几个方面。

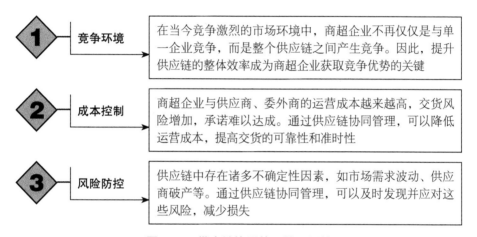

图4-16　供应链协同管理的必要性

二、供应链协同管理的主要内容

供应链协同管理主要包括图4-17所示的内容。

图4-17　供应链协同管理的主要内容

1. 信息共享

通过信息技术手段，实现供应链上下游企业之间的信息共享，包括订单信息、生产计划、库存信息、物流信息等，以提高供应链的透明度和效率。

比如，商超企业可以通过供应商协同平台与供应商实时共享销售数据和库存信息，以便供应商及时调整生产计划，避免库存积压或短缺。

2.资源整合

资源整合是指实现供应链上下游企业之间的资源共享，包括生产设备、人力资源、物流资源等。通过资源整合，可以降低供应链的成本和风险，提高资源利用效率。

比如，商超企业可以与物流服务商共享仓储和配送资源，降低物流成本。

3.业务协同

业务协同是指实现供应链上下游企业之间的业务合作，包括订单协同、生产协同、库存协同、物流协同等。通过业务协同，可以提高供应链的效率和协同能力。

比如，商超企业可以与供应商共同制订促销计划，实现库存协同管理，减少库存积压或浪费。

4.风险管理

通过风险管理，实现供应链上下游企业之间的风险共担和风险预警，包括供应商风险、库存风险、物流风险等。通过建立风险管理体系和应急响应机制，可以及时发现并应对潜在风险，减少损失。

5.绩效评估

通过绩效评估，实现供应链上下游企业之间的绩效共享和绩效考核，包括订单交付率、库存周转率、物流配送准确率等指标。通过绩效评估，可以激励供应链上下游企业持续改进和优化供应链管理。

三、供应链协同管理的实现路径

供应链协同管理的实现路径如图4-18所示。

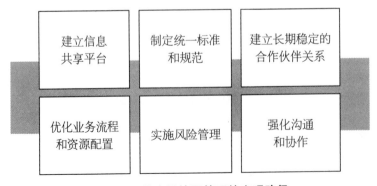

图4-18 供应链协同管理的实现路径

1. 建立信息共享平台

通过该平台，实现供应链上下游企业之间的实时信息共享，包括库存、销售、生产计划等信息，以便各方及时响应市场变化。

实现方式如图4-19所示。

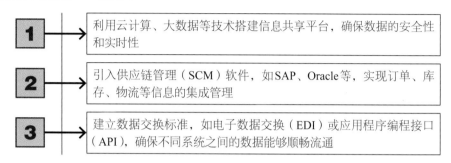

1 利用云计算、大数据等技术搭建信息共享平台，确保数据的安全性和实时性

2 引入供应链管理（SCM）软件，如SAP、Oracle等，实现订单、库存、物流等信息的集成管理

3 建立数据交换标准，如电子数据交换（EDI）或应用程序编程接口（API），确保不同系统之间的数据能够顺畅流通

图4-19　建立信息共享平台的实现方式

2. 制定统一标准和规范

确保供应链各环节在业务流程、数据格式、服务质量等方面保持一致，提高协同效率。具体措施如图4-20所示。

1 与供应商、分销商等共同制定供应链协同的标准和规范，如交货期、质量标准、包装要求等

2 在合同中明确双方的权利和义务，以及违反约定的处罚措施

3 定期对供应链各环节进行培训和审核，确保标准和规范的贯彻执行

图4-20　制定统一标准和规范的措施

3. 建立长期稳定的合作伙伴关系

与供应链上下游企业建立长期稳定的合作伙伴关系，共同应对市场变化，降低合作风险。具体措施如图4-21所示。

1 签订长期合作协议或框架合同，明确双方的合作期限、合作内容和合作方式

2 定期进行合作评估，了解合作伙伴的业绩和潜力，及时调整合作策略

3 建立互信机制，通过定期沟通、联合研发等方式加深双方的合作关系

图4-21　建立长期稳定的合作伙伴关系的措施

4.优化业务流程和资源配置

通过优化业务流程和资源配置，提高供应链的运作效率和响应速度。具体措施如图4-22所示。

1. 引入精益生产、六西格玛等先进管理方法，对供应链各环节的业务流程进行梳理和优化
2. 整合供应链资源，如仓储、物流、生产等，实现资源的共享和互补
3. 利用物联网、自动化等技术手段，提高供应链的自动化和智能化水平

图4-22　优化业务流程和资源配置的措施

5.实施风险管理

识别、评估和控制供应链中的风险，确保供应链的稳健运行。具体措施如图4-23所示。

1. 建立供应链风险管理体系，包括风险识别、风险评估、风险应对和风险监控等环节
2. 对供应商进行风险评估和分类管理，确保供应链的稳定性和可靠性
3. 制定应急预案和响应机制，以应对突发事件和紧急情况

图4-23　实施风险管理的措施

6.强化沟通和协作

加强供应链上下游企业之间的沟通和协作，确保信息的畅通和问题的及时解决。具体措施如图4-24所示。

1. 建立定期沟通机制，如定期会议、电话会议、邮件沟通等
2. 成立跨部门协作小组或项目团队，针对特定问题进行集中攻关和协作处理
3. 利用协同办公工具（如钉钉、企业微信等）提高沟通和协作的效率

图4-24　强化沟通和协作的措施

四、供应链协同管理策略

在商超供应链协同管理的框架中,制定协同管理策略是至关重要的一步。这一步骤要求商超管理者深入分析企业的实际情况,包括企业规模、业务模式、市场定位、顾客需求等,同时结合供应链的特点,如供应商数量、地理位置分布、物流能力、库存管理水平等,来制定一套符合自身需求的协同管理策略。具体包括图4-25所示的内容。

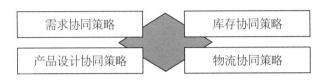

图4-25 供应链协同管理策略包含的内容

1.需求协同策略

需求协同策略旨在实现供应链上下游企业之间对市场需求变化的快速响应。商超企业应建立与供应商、分销商等合作伙伴之间的紧密沟通机制,共享销售数据、市场趋势预测等信息,以便共同制订和调整生产计划、库存策略等。通过需求协同,商超企业可以更加准确地预测市场需求,避免库存积压或产生缺货现象,提高供应链的灵活性和响应速度。

2.产品设计协同策略

产品设计协同策略关注产品从概念落地到上市的全过程。商超企业可以与供应商、制造商等合作伙伴共同参与产品设计和研发过程,根据市场需求、顾客偏好等因素,提出改进建议和创新方案。通过产品设计协同,商超企业可以确保产品符合市场需求,提高产品的竞争力和市场占有率。同时,这也有助于缩短产品的上市周期,降低研发成本。

3.库存协同策略

库存协同策略是供应链协同管理的核心之一。商超企业应与供应商、分销商等合作伙伴共同制定库存协同策略,实现库存的共享和协同管理。通过库存协同,商超企业可以降低库存成本,减少库存积压或浪费,同时确保库存的充足性和库存补充的及时性。

具体而言,商超企业可以采用联合库存管理(JMI)、供应商管理库存(VMI)等模式,与供应商建立紧密的库存合作关系,实现库存信息的实时共享和库存水平的协同调整。

4.物流协同策略

物流协同策略旨在优化供应链的物流运作,提高物流效率和降低成本。商超企业应与物流服务商、供应商等合作伙伴共同制定物流协同策略，包括运输方式选择、配送路线规划、物流信息共享等方面。通过物流协同，商超企业可以实现物流资源的共享和互补，提高物流运作的透明度和可预测性。同时，这也有助于降低物流成本，提高顾客满意度。

第五章
定价策略与营销推广

第一节 商品定价策略

商品定价策略，是市场营销组合中一个十分关键的组成部分。价格通常是影响交易成败的重要因素，同时也是市场营销组合中最难以确定的因素。企业定价的目标是促进销售，获取利润。这要求企业既要考虑成本的补偿，又要考虑消费者对价格的接受能力，从而使定价策略具有买卖双方双向决策的特征。此外，价格还是市场营销组合中最灵活的因素，它可以对市场作出灵敏的反应。

一、成本导向定价策略

1. 定义与基本原理

成本导向定价策略，顾名思义，就是企业在定价时主要依据商品的成本，通过计算商品的总成本，并加上一定比例的利润来确定售价。这种策略的核心思想是确保售价能够覆盖商品成本，并在此基础上获得一定的利润。

2. 优点分析

① 确保售价能够覆盖商品的所有成本，包括固定成本和变动成本，获取利润。
② 依据目标利润制定，便于企业实现预期的利润目标。
③ 历史悠久，应用面广，易于理解和使用。

3. 缺点分析

（1）缺乏灵活性
基于提前预估的成本制定价格，如果实际生产发生改变，可能导致成本发生变化，进而影响定价的合理性。

（2）忽略市场竞争
可能忽略市场竞争和供求变动的影响，导致价格缺乏竞争力。

（3）对某些企业目标帮助有限
如发生市场渗透、对抗竞争等行为，可能需要更灵活的定价策略。

4. 主要方法

采用该策略的方法通常包括完全成本加成定价法、边际成本定价法、目标收益定价法等。

（1）完全成本加成定价法

完全成本加成定价法是指在产品的全部成本（包括固定成本和变动成本）上加上一定比例的加成来制定价格。其计算公式如下：

$$P = C(1 + r)$$

其中 P 为单位产品价格，C 为商品的单位总成本（包括固定成本和变动成本），r 为商品的加成率。

这种方法简便易行，成本资料容易获得，对于买卖双方也相对公平。但是，它可能忽略市场竞争和供求变动的影响，使定价缺乏灵活性和竞争性。

（2）边际成本定价法

边际成本定价法是根据产品的边际成本（即每增加一单位产品所增加的成本）来定价。其计算公式如下：

$$P = C_V(1 + r)$$

其中 P 为单位产品价格，C_V 为单位商品变动成本，r 为利润率。

这种方法有助于企业实现利润最大化，因为它确保了每售出一单位产品都能带来一定的利润。但是，它可能不适用于所有类型的商品和服务，特别是对于那些固定成本较高的商品。

（3）目标收益定价法

目标收益定价法又称资产报酬定价法或投资报酬定价法，即根据某一预计销售量下总资本的特定利润率来确定产品利润和价格。其计算公式如下：

$$单位产品价格 = (总成本 + 资本总额 \times 目标收益率) / 预计销售量$$

这种方法有助于企业在保证一定收益的前提下制定价格，但它需要企业对未来销售量和成本有较为准确的预测。

5. 实际应用

在实际应用中，商超需要根据自身情况和市场环境选择合适的成本导向定价方法。

比如，对于需求稳定、成本相对固定的商品，可以采用完全成本加成定价法；对于边际成本较低、产量较大的商品，可以考虑边际成本定价法；对于需要实现特定利润目标的商品，则可以使用目标收益定价法。

同时，商超还需要结合市场需求、竞争状况等因素进行灵活调整，以确保定价策略的合理性和有效性。

二、市场导向定价策略

1.定义与基本原理

市场导向定价策略强调以市场需求为核心，通过深入了解和分析市场需求的变化，以及竞争对手的定价策略，来制定和调整产品的价格。这种策略旨在使商超的产品定价能够更贴近市场需求，提高产品的市场竞争力。

2.优点分析

① 满足市场需求：能够更好地满足市场和消费者的需求，提高产品的销售量和市场份额。

② 增强竞争力：有助于商超在激烈的市场竞争中保持优势地位。

③ 提高利润率：通过合理的定价策略，可以在保证销量的同时提高利润率。

3.缺点分析

① 市场需求和竞争情况的变化可能较为频繁和复杂，需要商超具备较高的市场敏感性和预测能力。

② 如果市场需求低于预期或竞争过于激烈，商超可能面临较大的成本压力。

③ 过于关注市场需求可能导致对产品的实际价值和生产成本的忽略，从而影响商超的长期盈利能力。

4.实施步骤

市场导向定价策略的实施步骤如图5-1所示。

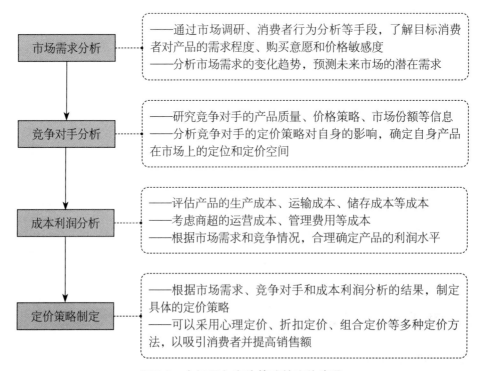

图5-1　市场导向定价策略的实施步骤

5.实际应用

在实际应用中,商超需要密切关注市场需求和竞争情况的变化,灵活调整定价策略以适应市场变化。

比如,在节假日或促销期间,商超可以采用折扣定价策略吸引消费者;在市场竞争激烈时,可以通过优化产品组合和采用组合定价策略来提高竞争力。

同时,商超还需要加强内部管理,降低成本,提高效率以确保定价策略有效实施。

三、消费者导向定价策略

1.定义与基本原理

商超的消费者导向定价策略,也被称为顾客导向定价法或需求导向定价法,是指商超在制定商品价格时,主要依据消费者对商品的认知、需求、购买意愿以及支付能力等因素来确定价格。这种策略强调以消费者为中心,通过深入了解和分析消费者的需求和行为,来制定能够吸引消费者并促进销售的价格。

2.主要特点

消费者导向定价策略具有表5-1所示的特点。

表5-1 消费者导向定价策略的特点

序号	特点	具体说明
1	以消费者需求为导向	消费者导向定价策略的核心在于满足消费者的需求。商超需要了解消费者的购买动机、偏好、使用习惯等信息,以便根据消费者的需求制定价格
2	高度灵活性	由于市场需求和消费者行为的变化往往较为频繁,因此消费者导向定价策略需要具备高度的灵活性,能够随时根据市场变化调整价格
3	高度竞争性	在竞争激烈的市场环境中,商超需要密切关注竞争对手的定价策略,并根据自身的市场定位和竞争优势制定具有竞争力的价格
4	客户化定价	消费者导向定价策略强调客户化定价,即针对不同消费者群体或细分市场制定不同的价格策略。这有助于商超更好地满足消费者的个性化需求,提高顾客满意度和忠诚度

3.主要方法

(1)尾数定价法

将商品价格定为带有零头的非整数,如定价为9.99元而非10元。这种策略在心理上能给消费者一种价格更便宜的感觉,从而激发购买欲望。

（2）整数定价法

对于高档商品、耐用商品等，采用整数定价法，如定价为100元而非99.9元。这种策略能够体现商品的品质和档次，满足消费者追求身份、地位的心理需求。

（3）心理定价法

利用消费者对数字的特殊偏好（如8、6等吉祥数字）来制定价格，以提升商品的接受度和购买率。

4. 实施步骤

消费者导向定价策略的实施步骤如图5-2所示。

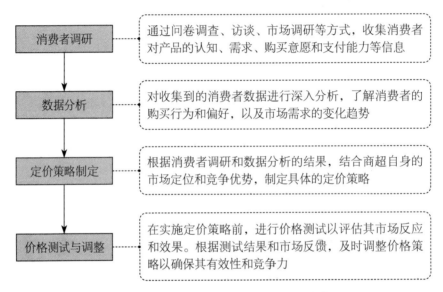

图5-2　消费者导向定价策略的实施步骤

5. 注意事项

（1）避免价格歧视

在实施消费者导向定价策略时，商超需要避免价格歧视行为，确保价格公平合理，避免损害消费者权益和品牌形象。

（2）关注成本控制

虽然消费者导向定价策略强调以消费者为中心，但商超也需要关注成本控制，以确保盈利。在制定价格时，需要综合考虑成本、市场需求和竞争状况等因素。

（3）灵活应对市场变化

市场需求和竞争状况往往处于不断变化之中，商超需要保持敏锐的市场洞察力，灵活应对市场变化，及时调整定价策略以适应市场需求和竞争压力。

四、促销导向定价策略

1.定义与基本原理

促销导向定价策略是商超在促销活动中，通过调整商品价格以吸引消费者、提高销售额和市场份额的一种定价策略。这种策略通常与商超的促销活动紧密结合，旨在通过价格优惠来激发消费者的购买欲望。

2.主要特点

促销导向定价策略具有表5-2所示的特点。

表5-2　促销导向定价策略的特点

序号	特点	具体说明
1	价格优惠	促销导向定价策略的核心在于价格优惠。商超通过降低商品价格、提供折扣、提供赠品等方式来吸引消费者，增加购买量
2	限时限量	促销活动往往具有限时限量的特点，这种紧迫感会促使消费者尽快做出购买决策
3	针对性强	促销导向定价策略通常针对特定商品或商品组合，以满足消费者的特定需求或解决他们的痛点

3.主要方法

采用促销导向定价策略的主要方法如表5-3所示。

表5-3　采用促销导向定价策略的主要方法

序号	方法	具体说明
1	直接降价	商超直接降低商品的价格，吸引消费者购买。这种方法简单直接，效果显著
2	折扣定价	包括一次折扣、累计折扣、限时折扣等多种形式。例如，在店庆、节假日等特定时间使所有商品价格下浮一定比例，或者根据顾客购买商品的金额常年推出折扣优惠
3	买赠活动	商超在购买特定商品时赠送相关商品，以增加购买的吸引力。这种方法可以提升消费者的购买体验，增加他们对商超的好感度
4	组合定价	将多种商品组合在一起，以低于单独购买总价的价格出售。这种方法可以刺激消费者的购买欲望，提高销售额
5	会员专享	为会员提供专属的折扣或优惠，增强会员的归属感和忠诚度

4.实施步骤

促销导向定价策略的实施步骤如图5-3所示。

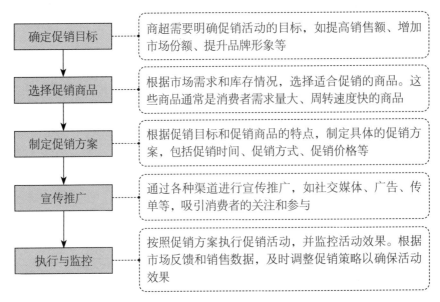

图 5-3　促销导向定价策略的实施步骤

5. 注意事项

（1）避免价格战

商超在促销活动中应避免陷入价格战，以免损害自身利益和品牌形象。

（2）关注成本控制

在制定促销价格时，需要综合考虑成本因素，确保促销活动不会给商超带来过大的成本压力。

（3）遵守法律法规

商超在促销活动中需要遵守相关的法律法规和规定，如《中华人民共和国价格法》（简称价格法）、《中华人民共和国消费者权益保护法》（简称消费者权益保护法）等。

（4）注重消费者体验

促销活动不仅要注重价格优惠，还需要注重消费者体验。通过提供优质的服务和良好的购物环境，提升消费者的满意度和忠诚度。

五、综合定价策略

在实际操作中，商超往往需要根据不同商品的特点和市场需求，综合运用上述多种定价策略。

比如，对于生鲜食品等易损耗商品，可以采用完全成本加成定价法并结合促销策略来加快商品周转；对于高附加值商品，可以采用市场导向定价策略并结合心理定价法来提升品牌形象和提高商品售价。

第二节 卖场促销管理

广泛的促销活动是商超提升业绩、争取顾客、积极参与同业竞争的有效手段。在日益激烈的商超竞争中，有效的促销不仅依靠新颖的创意，更需要强有力的执行和规范的操作，才能达到最佳的促销效果，创造良好的经营效益。

一、促销商品的选择

促销商品的主要目的是建立商超的平价形象，增强竞争的优势，因此在考虑商品组织结构合理性的原则下，选择促销商品时应主要考虑如下商品。

① 具备足够吸引人的价格优势的品牌商品。
② 主力商品。
③ 新商品。
④ 库存较大的商品。
⑤ 供应商提供促销支持的商品。
⑥ 临时性促销商品，例如雨天来临时将雨具堆放在收银台前端销售。

二、常见的促销模式

商超常见的促销模式如图5-4所示。

图5-4 常见的促销模式

1.开业促销

开业促销是促销活动中最重要的一种，因为它只有一次，而且它是与潜在顾客第一次接触的促销活动，顾客对该商超的商品、价格、服务场所留下的最初印象将会影响其日后是否有再度光临的意愿。

因此，商超经营者对开业促销活动都小心谨慎、全力以赴，希望有个好开头。通常商超开业当天，业绩可达到平时业绩的5倍左右。

2. 周年庆促销

周年庆也称为店庆、周年店庆等，它是仅次于开业促销的重要活动，因为每年只有一次。周年庆促销期间，供应商大多会给较优惠的条件，以配合商超的促销。因此，如果规划合理，周年庆的促销业绩往往可达到平时业绩的1.5～2倍。

3. 特价促销

在各种促销模式中，特价促销无疑是最直接有效地刺激消费者的方法之一。特价促销又称降价销售、特卖、打折销售、让利酬宾、折扣优惠等，是商超使用最频繁的促销工具之一，也是影响顾客购买最重要的因素之一。

4. 服务促销

在商超的服务促销活动中，促销是目的，服务是手段。常见的方式有商品介绍服务、订购服务、加工服务、送货服务、维修服务、培训服务、咨询与信息服务以及一些日常便民服务。这些服务项目的开展不仅可以增加商超每天的客流量，带动商品的销售，还能使商超树立良好的企业形象。

5. 折价促销

折价促销是指商超采用直接降低价格的方式招徕顾客，如图5-5所示。

例如，某商超在父亲节那天推出"××"牌剃须刀，原价108元，现价88元，限时特价2天。

在运用折价促销模式时，商超应对是否打折、打折幅度等方面进行多方面的可行性分析，最后做出科学决策。

图5-5 折价促销

6. 会员制促销

会员制促销是通过吸收顾客成为商超会员，为会员顾客提供更优质服务的一种促销模式。通过实施会员制促销，顾客能够获得价格优惠、享受优质全面服务。

商超可以在服务台、收银处等显眼处张贴相关说明，鼓励顾客成为会员。这样既能增加顾客消费量，使顾客享受到各种优惠，也能增加商超的销售收入。

三、常用的促销工具

对卖场来说，一年365天都面临着销售问题。无论淡季还是旺季，面对激烈的市场竞争，卖场应当如何促进销售？毫无疑问，促销是一个必要的手段。如何合理运用促销工具是每个卖场都要面临的问题。

常用的促销工具如图5-6所示。

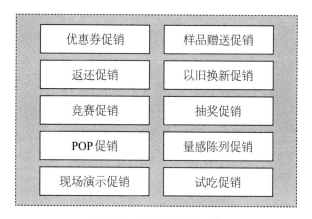

图5-6　常用的促销工具

1. 优惠券促销

优惠券是商超在促销时发放的，是持券人在指定地点购买商品时享受折价或优惠的凭证。优惠券促销是商超在促销活动中常用的一种方式。实施优惠券促销可以扭转销售局面、提升消费者兴趣、增加销售量等。

2. 样品赠送促销

实施样品赠送促销可以促使新产品顺利地打入市场、提高销售处于劣势地区的销售业绩，并且能对公司的形象进行公开宣传。

比如，宝洁公司旗下的海飞丝、潘婷、飘柔、舒肤佳等现在都已成为国内家喻户晓的畅销产品，宝洁公司之所以能取得如此骄人的成绩，与其成功的样品赠送促销分不开。当初飘柔洗发水进驻深圳市场时，适逢春节将至，他们就选择某大型商超为据点，向深圳的广大市民赠送试用品来拜年，不到一个月时间，飘柔在深圳市民中的知名度就达90%以上，销量直线上升，为宝洁公司其他品牌产品的进入打下良好基础。

3. 返还促销

返还促销是商超为了优惠顾客，将顾客购物所付出的部分款项退还给顾客的一种促销工具。实施返还促销可以吸引顾客、回馈顾客、激励顾客继续购买。

4. 以旧换新促销

以旧换新促销主要是指以本商超的旧产品换本商超的新产品，并补齐差额。这种促销形式的主要目的是巩固老顾客和发展商超的新顾客，建立顾客对品牌的忠诚度，联络与顾客的感情，本质上是对老顾客的一种回报。

实施以旧换新促销能有效地刺激顾客的购买欲望，有利于拓展新的市场，有利于树立产品的品牌形象，有利于启动市场、扩大销售额等。

5. 竞赛促销

常见的竞赛促销形式有回答问题、征集广告语、征集作品、排出顺序、竞猜等。

6. 抽奖促销

抽奖包括标准抽奖、多次抽奖、启发式抽奖、配对游戏抽奖。

在设计奖品的价值时，应以小额度、大刺激为原则。在竞赛抽奖活动中，兑付给消费者的奖品主要有图5-7所示的两种形式。

现金形式	实物形式
现金奖品的好处是对每一个消费者来说都很实用，消费者很容易了解自己能从奖品中得到多少好处；但是缺乏个性	兑付实物奖品的好处是能为消费者提供别具一格的奖品，从而提高奖品的刺激性和吸引力，而且可以结合促销主题设计奖品；但是消费者众口难调，这在一定程度上影响了促销效果

图5-7　奖品的形式

7. POP促销

POP（Point of Purchase，卖点广告，又叫店头陈设）包括购物场所的各种广告形式，如各类吊牌、海报、小贴纸、纸货架、展示架、纸堆头、大招牌、实物模型、旗帜等。POP作为一种促销工具，不论由供应商制作还是由商超制作，都能达到一定的促销效果。店门口的POP促销如图5-8所示。

图5-8 店门口的POP促销

8. 量感陈列促销

量感陈列促销是指利用卖场的明显位置，大量陈列特定商品，以提高销售量的活动。效果图如图5-9所示。此活动通常会配合商品折价同步实施，而且所选定的商品必须是周转快、知名度高、有相当降价空间的商品，这样才可充分达到促销效果。

图5-9 量感陈列促销效果图

9. 现场演示促销

现场演示促销，即在商超销售现场，由厂家安排经销商对企业产品进行特殊的现场表演或示范，以及向顾客提供咨询服务。它是现今厂家十分青睐的一种促销方式。实施现场演示促销通常可以达到推广新产品、促进销售、提高产品竞争力的目的。

10.试吃促销

试吃促销是指现场提供免费样品，供消费者食用，如免费试吃水果、香肠、水饺，免费试饮奶茶等。对于以供应食品为主、以家庭主妇为主要目标顾客的商超来说，举行试吃活动是提高特定商品销售量的有效方法。因为通过亲自食用和专业人员的介绍，消费者会增加购买的信心以及日后持续购买的意愿。

四、促销活动的策划

促销活动是提升商品销量、吸引顾客流量的重要手段。促销活动策划就是提前规划好整个活动流程。对此，商超要做好促销活动的策划工作，为促销活动的顺利完成做好准备。

1.明确促销主题

开展促销工作，首先要明确促销主题，常见主题如图5-10所示。

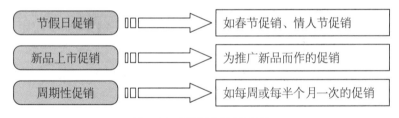

图5-10　常见的促销主题

2.确定促销周期

无论是哪种促销主题，都要确定促销周期，以便对价格进行调整。节假日促销可以提前半个月或一周进行。

3.确定促销商品

要确定参与促销的商品类别，主要如下。
① 节假日促销应选择节假日专供商品，如月饼、粽子等。
② 目的是提升销量的促销和周期性促销要重点选择销量不佳的商品。

4.确定促销价格

商超要综合考虑各项因素，确定各商品的促销价格。确定价格时，采购人员要与供应商就供货等事宜展开协商。

5.编制促销预算

编制促销预算要做好图5-11所示的两项工作。

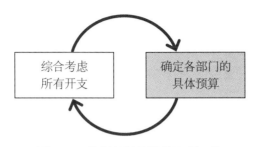

图5-11 编制促销预算的两项工作

6.编制策划方案

经过以上步骤，最终编制成策划方案，对促销的各项安排都进行记录，使促销活动按照方案要求逐步开展。

五、促销人员的管理

商超里有许多厂家派驻人员协助销售，我们称其为"促销员"。促销员已经成为商超经营一线的主力军。促销员的工作态度、业务技能的好坏对商超发展有着举足轻重的影响。把促销员的工作积极性、创造性调动起来、发挥出来，无论对厂家还是商超都是双赢的局面。

可从图5-12所示的几个方面，加强对商超促销员的管理。

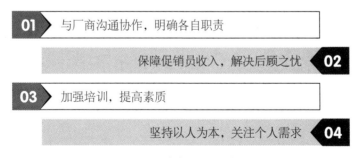

图5-12 加强对商超促销员管理的措施

1.与厂商沟通协作，明确各自职责

厂家和商超对促销员都具有管理责任，为使双方的管理做到合理、有效，不错位、不越位、不缺位，厂商在签订购销合同时，就要明确对促销员的管理责任，把促销员的人数、报酬、培训等列入合同条款。

在日常管理中，应注意图5-13所示的两点。

厂家应通过电话联系、发送信函或到商超面谈等方法了解情况，听取意见和建议，掌握管理的主动性

商超要发挥现场管理的优势，了解促销员的思想动态，在做好思想工作的同时，切实帮助促销员解决一些实际困难

图 5-13　对促销员日常管理的工作要点

2. 保障促销员收入，解决后顾之忧

除了商超与厂家签订购销合同时明确促销员待遇外，商超要督促厂家与促销员签订用工合同，明确工作岗位、基本工资、提成比例、工作时间、社会保险等内容，消除促销员的后顾之忧。

商超要经常摸底，了解促销员报酬发放的到位情况，对工资发放不及时或没有足额发放的，要督促厂家按时、足额发放，必要时可以先行垫付，在与厂家结算货款时进行抵扣，切实维护好促销员的合法权益。

3. 加强培训，提高素质

从实践来看，促销员的招聘由商超负责，更有利于对促销员进行管理。因此，商超要建立促销员招聘、培训、考核的制度，建立促销员储备库。凡厂家需要促销员，可到商超的促销员储备库挑选、面试。对于促销员的培训，应侧重表 5-4 所示的内容。

表 5-4　促销员培训的主要内容

序号	培训内容	具体说明
1	心态培训	促销员在销售过程中，要面对很多的拒绝和挫折，因此，培养其良好的心态至关重要。心态培训主要是通过一些案例及活动，让他们明白促销员所应具备的自信、积极、吃苦耐劳以及敬业等品质
2	制度培训	没有规矩不成方圆。促销员在商超工作，必须执行商超的制度和规定，知道自己应该做什么和不应该做什么，要摆正自己的位置，正确处理好与商超、厂家、消费者的关系，自觉维护好三者的利益
3	产品知识培训	促销员只有全面了解自己推销产品的性能特点、与其他厂家同类产品的区别、自身优势，甚至厂家的企业文化，才能在推销过程中，吸引、说服消费者，让消费者觉得该商品可信，产生购买欲望
4	技能培训	终端促销是一对一、面对面的促销，在与消费者接触交流的过程中，促销员的沟通能力、推销能力以及异议处理能力非常重要。只有加强这方面的培训，才能更好地抓住消费者的心理需求，成功地把商品推销出去

全方位的培训，不仅提升了促销员的操作技能，也较好地灌输了商超的经营理念和企业制度，有利于提升促销员的整体素质，增强他们对企业的凝聚力、向心力，使他们

更好地立足本职，做好工作。

4.坚持以人为本，关注个人需求

商超要确立"促销员是商超员工"的观念，要关心他们的生活，尊重他们的意愿，解决他们的困难，促进他们的发展，增强他们在商超工作的亲切感、荣誉感和归属感。

比如，商超可组织员工与促销员一起开展一些丰富多彩的文体娱乐活动，让促销员参与到文艺演出、体育比赛、外出旅游、社会公益等活动中去，让他们体会到在商超这个大家庭工作的乐趣。

可让促销员参与到商超组织的业务技能比赛、先进员工评比、明星员工评比等活动中去，发现和培养一批销售能手、服务高手、管理巧手，既为企业发展物色、储备人才，也为促销员提供个人成长的机会和舞台。

商超逢年过节时要一视同仁地落实好促销员福利的发放，减少其失落感。商超可以利用品牌多、岗位多的优势，满足部分促销员合理调整岗位的要求，把爱岗敬业、技艺精湛的促销员留下来，减少人员流失，稳定促销员队伍。

六、促销效果的评估

促销活动结束后，还有一项十分重要的工作，那就是对促销活动效果的评估。通过对每次促销活动的效果进行评估，分析促销活动成功或失败的原因，积累经验，对于日后的发展是必不可少的。

1.主要评估指标

销售额是衡量商超行业地位的主要指标，毛利额是代表盈利能力的标志。而促进商超销售额增长的途径包括客流量、客单价和成交率的提高。同时，品牌知名度、顾客忠诚度和美誉度既是企业的无形资产，也是保证商超销售额持续增长的基础，这些和广告效果、店内商品和服务的组织有直接关系。因此，商超促销评估的基本指标如图5-14所示。

图5-14 商超促销评估的基本指标

根据用途、来源和获取方式，这些指标可以分为以下几类。

（1）促销计划指标

商超一般都有年度促销计划和每次促销活动计划，对某次促销活动计划开展评估时，一般只涉及该次促销活动计划自身的各项要素。一次促销活动计划中涉及的主要指标和内容除上述基本指标外，还包括图5-15所示的内容。

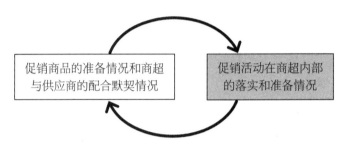

图5-15　促销计划指标的内容

这些促销计划指标的实施结果是衡量促销效果的重要依据。

（2）内部业绩指标

内部业绩指标指促销期间商超所实现的上述促销评估的基本指标。这些指标的获取渠道如图5-16所示。

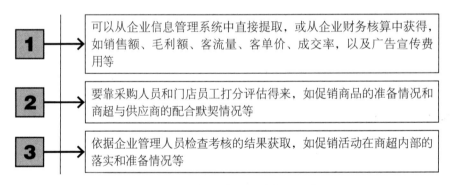

图5-16　内部业绩指标的获取渠道

（3）外部环境指标

外部环境指标是用来评定本次促销对提升企业品牌形象、行业地位、行业影响力的作用。这类指标的获取渠道如图5-17所示。

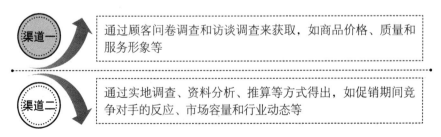

图5-17　外部环境指标的获取渠道

2. 主要评估方法

评估方法主要有同比分析、环比分析和比率分析三种。

（1）同比分析

一般选取今年的促销活动期间和上一年同一个促销活动期间进行同期比较。

比如，2016年的情人节和2015年的情人节进行比较。

（2）环比分析

选择促销前、促销中和促销后3个时期的数据进行比较。

（3）比率分析

除了数额变化分析外，还需要进行比率分析，具体内容如图5-18所示。

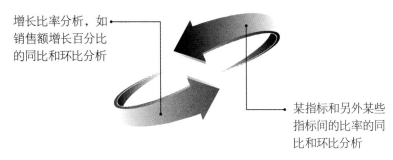

图5-18　比率分析的内容

比如，本商超销售额占整个市场容量的百分比即市场占有率分析，促销费用占销售额、毛利额增量的比率分析等。

3. 查找和分析原因

运用一种或几种评估方法对商超的促销业绩进行评估之后，很重要的一件事情就是查找和分析促销业绩好坏的原因。只有找出根源，才能对症下药。促销效果分析内容如表5-5所示。

表5-5　促销效果分析内容

序号	促销效果	具体说明
1	十分成功	促销期间的活动，使消费者对商超形成了良好的印象，对商超的知名度和美誉度的提高均有所帮助，在促销活动结束后，仍会使商超销售量有所增长
2	得不偿失	促销活动的开展，对商超的经营、营业额的提升没有任何帮助，而且浪费了促销费用，显然是得不偿失
3	适得其反	促销活动过程中管理混乱、设计不当、某些事情处理不当，或是出现了一些意外情况，损伤了商超自身的美誉度，结果导致促销活动结束后，商超的销售额不升反降

4.促销效果评估

促销效果评估主要包括促销主题配合度、促销创意与目标销售额之间的差距、促销商品选择正确与否、促销成本四个方面,具体内容如表5-6所示。

表5-6 促销效果评估内容

序号	评估内容	具体说明
1	促销主题配合度	促销主题是否针对整个促销活动的内容;促销内容、方式、口号是否富有新意、吸引人,是否简单明确;促销主题是否抓住了顾客的需求和市场的卖点
2	促销创意与目标销售额之间的差距	促销创意是否偏离预期目标的销售额;创意是否符合促销活动的主题和整个内容;创意是否过于沉闷、正统、陈旧,缺乏创造力、想象力和吸引力
3	促销商品选择正确与否	促销商品能否反映商超的经营特色,是否选择了消费者真正需要的商品,能否给消费者增添实际利益,能否帮助商超或供应商处理积压商品;促销商品的销售额与毛利额是否与预期目标一致
4	促销成本	促销成本是否得到有效控制,是否符合预算目标

5.供应商的配合状况评估

供应商的配合状况评估主要包括表5-7所示的内容。

表5-7 供应商的配合状况评估内容

序号	评估内容	具体说明
1	积极性	供应商对商超促销活动的配合是否恰当、及时;供应商能否主动参与、积极支持,并为商超分担部分促销费用和降价损失
2	供货及时性	供应商能否及时供货,数量是否充足
3	促销承诺	在商品采购合同中,供应商尤其是大供应商、大品牌商、主力商品供应商是否作出促销承诺,切实落实促销期间供应商的义务及配合工作等相关事宜

6.门店运行状况评估

门店运行状况评估主要评估门店对促销计划的执行程度,是否按照促销计划操作,以及评估促销商品在门店中的陈列方式及数量是否符合门店的实际情况。

7.促销活动经验总结

促销评估工作结束后,商超还要进行促销活动经验总结,以避免活动中出现差错,为下次促销做好准备。总结工作应做好记录,并将各项内容记录存档。

第三节 社交媒体营销

社交媒体营销是指商超企业利用社交媒体平台（如微博、微信、抖音、小红书等）进行品牌宣传、产品推广、顾客互动和销售促进的一种营销方式。随着社交媒体的普及和用户数量的不断增加，社交媒体已成为商超企业不可忽视的营销渠道。通过社交媒体，商超企业可以直接与消费者建立联系，传递品牌信息，提升品牌形象，促进产品销售。

一、内容营销

社交媒体的丰富多样为品牌创造了无限可能。通过精心制作有趣和有价值的内容，商超能够吸引目标受众的关注并建立品牌认知度。文字、图片、音频和视频等多种形式的内容能够满足不同用户的喜好和需求，有效地传递品牌理念和产品信息。

1.明确目标受众

商超管理者可通过市场调研来了解目标受众的年龄、性别、地域、消费习惯、兴趣爱好等信息。然后，基于市场调研数据，构建目标受众的用户画像，包括他们的需求、偏好和行为特征。

2.制定内容策略

根据用户画像和营销目标，规划内容主题、形式、发布频率和发布时间。结合图文、视频、直播等多种形式，创作有趣、有用、有共鸣的内容，也可以讲述品牌故事，传递品牌理念和价值观，增强品牌认同感。

比如，可以发布商品介绍、使用教程、生活小贴士、美食制作视频等内容。

3.创作高质量内容

内容创作是社交媒体营销策略中至关重要的一环，有助于与受众建立深刻的联系。对于商超来说，创作高质量内容时需把握图5-19所示的几个要点。

4.优化发布与互动

（1）选择合适的平台
根据目标受众的活跃平台和习惯，选择合适的社交媒体平台进行内容发布。
（2）定时发布
根据用户活跃时间，选择最佳的发布时间，提高内容的曝光率和互动性。

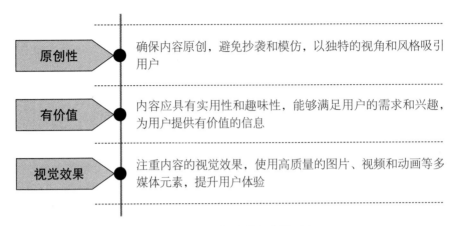

图5-19　创作高质量内容的要点

（3）积极互动

及时回复用户的评论和留言，与用户建立良好的互动关系，增强用户黏性。

5. 数据分析与优化

（1）收集数据

利用社交媒体平台提供的数据分析工具，收集用户行为数据，如点击率、浏览量、转发量、评论量等。

（2）分析数据

对收集到的数据进行分析，了解用户需求和偏好，评估内容营销的效果。

（3）优化策略

根据数据分析结果，不断调整和优化内容策略，提高内容的针对性和有效性。

6. 注意事项

商超在进行内容营销时，需注意图5-20所示的几点。

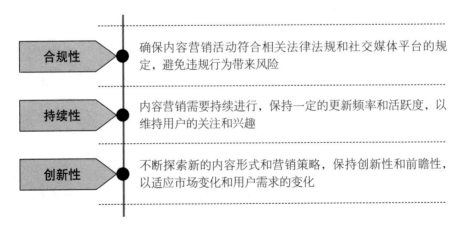

图5-20　内容营销的注意事项

二、互动营销

所谓的互动,就是双方或多方之间相互作用、相互影响。在互动营销中,互动的双方一方是消费者,一方是企业。只有抓住共同利益点,找到巧妙的沟通时机和方法才能将双方紧密地结合起来。互动营销尤其强调双方都采取一种共同的行为,以达到互助推广、营销的效果。社交媒体的独特之处在于互动性,品牌可以通过与用户的互动创建更深层次的参与体验。

1.积极回应用户

商超可以采取图5-21所示的措施积极回应用户。

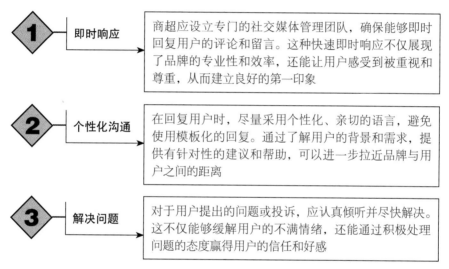

图5-21 积极回应用户的措施

2.开展互动活动

(1)多样化活动形式

商超可以通过举办抽奖、问答、投票等多种形式的互动活动来吸引用户的参与。这些活动不仅能够激发用户的参与热情,还能通过用户的分享和转发提高品牌的曝光度。

(2)设置奖励机制

为了激励用户积极参与互动活动,商超可以设置丰富的奖励机制,如优惠券、积分、实物奖品等。这些奖励不仅能够吸引用户的眼球,还能促进用户的消费行为。

(3)创意策划

互动活动的策划应富有创意和趣味性,以吸引用户的兴趣和关注。同时,活动内容应与商超的产品或服务紧密相关,以达到宣传和推广的目的。

3. 建立社群

建立社群的步骤如图5-22所示。

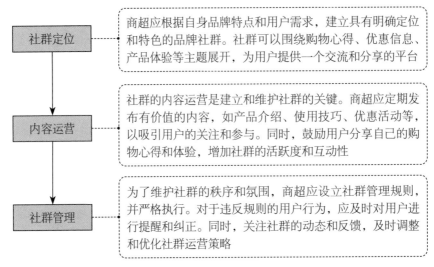

图5-22　建立社群的步骤

三、广告投放

在当今数字化营销领域，社交媒体广告投放已成为企业推广品牌、吸引潜在客户、促进销售增长的重要渠道。商超在社交媒体上进行广告投放，需要综合考虑图5-23所示的多个方面，以确保广告的有效性和投资回报率。

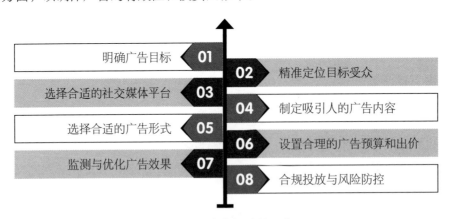

图5-23　广告投放的要点

1.明确广告目标

商超管理者需要明确广告投放的具体目标，如提高品牌知名度、增加产品销量、促进用户互动等。明确的目标有助于制定更有针对性的广告策略和评估广告效果。

2.精准定位目标受众

利用社交媒体平台的用户数据，商超管理者可以进行精准的目标受众定位。这包括分析目标受众的年龄、性别、地域、兴趣、消费习惯等特征，以便将广告精准地投放给最有可能产生购买行为的用户群体。

3.选择合适的社交媒体平台

不同的社交媒体平台拥有不同的用户群体和广告形式。商超管理者应根据目标受众的活跃平台和偏好，选择合适的社交媒体平台进行广告投放。

4.制定吸引人的广告内容

广告内容的质量直接影响到用户的点击率和转化率。商超管理者应制定具有吸引力、创意和针对性的广告内容，以引起用户的兴趣和共鸣。内容可以包括产品图片、视频、文案等，要突出产品的特点和优势，同时要符合目标受众的审美和兴趣。

5.选择合适的广告形式

社交媒体平台提供了多种广告形式，如信息流广告、品牌广告、开屏广告、故事广告等。商超管理者应根据广告目标和预算，选择合适的广告形式进行投放。具体如表5-8所示。

表5-8 广告形式

序号	形式	具体说明
1	信息流广告	这种广告形式穿插在用户的日常浏览内容中，形式自然，不易引起用户的反感，适合用于提高品牌曝光度、引导用户点击并了解产品详情
2	品牌广告	这种广告形式通常位于页面的显眼位置，如首页、侧边栏等，具有较高的曝光率，适合用于塑造品牌形象、传达品牌理念
3	开屏广告	当用户打开社交媒体应用时，首先映入眼帘的就是开屏广告。这种广告形式视觉冲击力强，但展示时间较短，适合用于传递简洁有力的品牌信息或促销信息
4	故事广告	随着短视频的兴起，故事广告成了一种受欢迎的广告形式。它帮助企业以更加生动、有趣的方式展示产品或服务，吸引用户的注意力

6.设置合理的广告预算和出价

商超管理者应根据广告目标和预期效果，设置合理的广告预算和出价。预算要考虑到广告制作、投放、优化等各个环节的成本；出价要根据广告竞争情况和目标受众的价值确定，以确保广告能够获得足够的曝光和点击。

7. 监测与优化广告效果

广告投放后，商超管理者需要持续监测广告效果，包括曝光率、点击率、转化率、投资回报率等关键指标。通过数据分析工具，商超管理者可以了解广告的表现效果和用户的行为习惯，以便及时调整投放策略和优化广告内容。

比如，根据用户反馈和数据分析结果，商超管理者可以调整广告定位、优化广告文案、更换广告素材等，以提高广告效果和投资回报率。

8. 合规投放与风险防控

在社交媒体广告投放过程中，商超管理者还需要注意合规投放和风险防控，要遵守法律法规要求和社交媒体平台的广告政策，确保广告内容的真实性和合法性。同时，要关注广告投放过程中的风险点，如虚假宣传、恶意点击等，及时采取措施进行防控和应对。

四、直播带货

直播带货，顾名思义，是通过直播平台，由主播或KOL（关键意见领袖）直接向观众展示并推销商品的一种销售模式。这一模式充分利用了互联网的即时性和互动性，为消费者提供了一种全新的购物体验。直播带货依托于庞大的社交媒体用户基础，形成了一种基于共同兴趣或信任的社群经济。粉丝不仅因为对主播的喜爱而产生购买行为，而且社群内的口碑传播还会吸引新用户加入，形成良性循环，进一步扩大销售规模。

目前，直播带货已成为线上线下商家经营的标配。越来越多的商场、超市开始布局直播，经营3C家电（计算机类、通信类、消费类电子产品的统称）、生活百货、服饰鞋帽等商品的线下实体零售店纷纷参与其中。一些规模较大的连锁商超，一般采取"带逛"模式，由一名导购员在商超中带领，边走边逛介绍商品，移动镜头一路跟随，覆盖大部分商品品类，主打沉浸式体验。

为了开直播，永辉、大润发等连锁商超甚至专门成立了针对线上业务的部门，打破了以往实体商超的架构模式。一些规模较大的商超，本身就是良好的消费场景，给消费者营造了一种"云逛街"的体验。

相比于普通的直播带货，商超直播的最大优势在于"即看、即买、即得"，在直播间看到想要的商品，下单后很快就能送货到家，比去超市购物更快。而快，是当下消费者最重视的体验之一。

商超企业要想通过直播带货取得一定的营销效果，需注意以下几点。

1. 直播平台的选择

既然是直播，商超就要确定直播的平台，研究一下哪个平台更适合自己，抖音、快手、淘宝、微信、映客等具有直播功能的平台，各有优势，也各有要求。商超可根据门店所在的区域，选择适合的平台，一般来说各平台都有自己的商城体系，可以同时设立。

当然，选择大平台，借助大平台的大流量优势，机会会更大一些。

2.直播主播的挑选

直播受到年轻人的喜爱，很重要的一个原因是互动性强。其中主播的个人魅力和影响力至关重要。那么，对于以卖货为主业的商超，在挑选主播时需关注图5-24所示的三个方面。

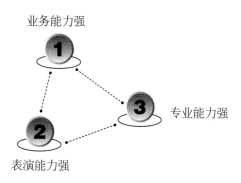

图5-24　直播主播的要求

（1）业务能力强

从已有的尝试看，目前商超更加看重的还是主播自身的业务能力，也就是对商品知识和行业知识的掌握。

比如，永辉直播的主持人来自厂商和导购，这相当于把线下的推销搬到了线上，但以商品为核心的本质没有变。而在物美&多点Dmall与宝洁的直播首秀中，出镜的两位主播分别为宝洁卫品高级销售经理和北京城市经理和"90后"美妆达人。他们的行业知识丰富，能够充分展示商品的卖点，同时具有一定的流量基础，这也是直播引流的一种手段。

其实直播本身并不难，难的是要有员工愿意去做这件事情，商超可以在团队内部寻求一些具有一定专业能力、口才较好、面容端庄的员工做主播（直白地说，直播一开始就是靠颜值，后来才逐步有自己的人格定位）。

当然，如果商超能够一开始就有自己的人格定位，并形成一个虚拟的小团队，效果会更好。

（2）表演能力强

需要指出的是，直播的魅力之一就在于表演性。也可以说，一个人看一个小时直播，最后什么也没有买，但是他（她）并没有觉得自己在浪费时间，这就是好的直播。表演性这个词对于线下零售业来说，其实一点儿都不陌生。过去超市搞的各种现吃现做、花式叫卖等活动,其实都是在表演,是把充满烟火气息的菜市场和商业街的元素植入了卖场空间。

直播同样是一个表演的舞台,只是由于空间有限,不可能允许主播在直播镜头前动作幅度过大,更多的是依靠个人形象、口才和风格。

其实,对于商超来说,未必需要个人风格很强的主播,但是可以根据自身的定位和品类特点,形成自己一以贯之的风格和定位。

(3)专业能力强

直播本质上是一种视频传播,依然有媒介属性,商超要想做好直播,还得有懂视频传播的专业人员。随着直播带货的发展,用户对主播的专业性要求也会逐步提高,这就要求商超必须对自己的员工做好视频传播方面的专业培训,让专业的人去做专业的事。

3.直播活动的预热

每一场活动都需要有一个预热的过程,商超的直播营销活动也不例外。

在直播前,商超的营销人员一方面要通过微信、微博、自媒体等各类企业新媒体平台发布活动信息,并抓住活动爆点、逐步解密,持续吸引用户注意力。另一方面可将定制化企业直播间嵌入商超的官网、官微以及微信公众号等平台,使各平台粉丝能够直接通过直播链接观看企业直播活动,实现粉丝聚合;同时可借助有奖分享、榜单排行、第三方推流等营销组件,让企业活动获得更多传播渠道,并进一步提高用户参与的积极性,扩大活动影响力。

> **小提示**
>
> 直播预热要确定好直播主题,可以借助当下热点事件、权威平台、网红明星,实现借势营销。

4.直播品类的选择

直播带货对选品要求很高。作为品类结构更为复杂的商超,选品难度更大。什么品类适合直播销售?这需要商超管理者仔细斟酌。

一般来说,适合商超直播的品类主要有表5-9所示的几类。

表5-9 适合直播的品类

序号	品类	具体说明
1	日常生活快消品	(1)食品饮料:如零食、饮料、调味品等,这些商品是消费者日常生活中高频购买的商品,具有较高的复购率 (2)日化用品:如洗发水、沐浴露、洗衣液等,这些商品同样属于日常必需品,消费者需求稳定

续表

序号	品类	具体说明
2	季节性商品	根据季节变化选择相应的商品进行直播，如夏季的防晒用品、冷饮、冰品，冬季的保暖内衣、电热毯等
3	节日特供商品	在重要节日（如春节、中秋节、圣诞节等）前，推出节日特供商品或礼盒装，满足消费者的节日需求
4	限时抢购商品	推出限时抢购活动，通过优惠价格吸引消费者购买，如限时特价、买一赠一等促销活动
5	地域特色商品	推广具有地域特色的商品，如地方特产、手工艺品等，满足消费者对新鲜事物的追求
6	进口商品	引进国外优质商品进行直播销售，满足消费者对进口商品的需求
7	品质生活商品	推广高品质的生活用品，如高端家电、智能家居产品等，满足消费者对品质生活的追求
8	健康养生商品	随着健康意识的提升，健康养生类商品也备受关注，如保健品、健康食品等

5.便捷的付款通道

直播商品一定要方便顾客点击购买和付款。后台的电商或购物小程序是支撑社群营销和直播带货的关键一环，如果顾客只能看到商品图片和价格，不能一键下单，那么每增加一个环节，就会多一份流单的可能。所以，一定要设计并显示便捷醒目的线上购物付款通道。

6.直播时间的选择

商超的直播活动时间应与门店档期同步。对于直播选点，考虑到工作日和刷视频的休闲高峰，以晚上8点至10点为最佳，其次可考虑周六、周日的下午3点至5点。

7.直播场地的搭建

商超的优势在于场景的代入感，所以直播选择在门店实景拍摄更有观赏性。长期来看，有条件的门店可以搭建固定卖场直播间，统一直播间环境背景和主题形象，通过直播向消费者进行稳定的视觉传达输出，有助于强化品牌印象。

如果不能搭建固定直播间，可在直播品牌所在区域临时搭建，现场演示，这容易引起用户的注意，促进线上线下双重销售。

第六章
顾客服务与体验升级

第一节　建立售后服务体系

商超建立售后服务体系是一个系统性工程，旨在为顾客提供优质的售后服务体验，从而提升顾客满意度和忠诚度，促进企业的长期发展。一般来说，要建立完善的售后服务体系，主要包括以下几个步骤。

一、明确售后服务目标

售后服务的重要性和意义在于要以顾客满意为目的，商超管理者在制定售后服务目标时，可围绕图6-1所示的核心要素来设定。

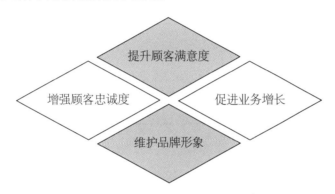

图6-1　设定售后服务目标的要素

1.提升顾客满意度

① 确保顾客在提出售后需求时，能够得到及时、有效的回应，减少顾客等待时间，提升顾客体验。

② 通过专业的售后服务团队和优化的服务流程，高效解决顾客遇到的问题，提高问题解决率。

③ 定期进行顾客满意度调查，收集顾客对售后服务的反馈，并根据反馈结果持续改进服务质量。

2.增强顾客忠诚度

① 了解顾客需求，提供个性化的售后服务方案，让顾客感受到被重视和关怀。

② 通过优质的售后服务，建立与顾客的长期关系，增强顾客对商超的信任和依赖。

③ 建立完善的会员制度，为会员提供专属的售后服务和优惠，提高会员的忠诚度和复购率。

3.维护品牌形象

① 通过专业的售后服务团队和标准化的服务流程,展现商超的专业形象。

② 提供优质的售后服务,让顾客成为商超的口碑传播者,吸引更多潜在顾客。

③ 积极履行社会责任,如提供环保包装、支持公益事业等,提升品牌形象和社会认可度。

4.促进业务增长

① 通过优质的售后服务,提高顾客的满意度和忠诚度,从而增加顾客的复购率。

② 通过口碑传播和品牌形象的提升,吸引更多潜在顾客,拓展市场份额。

③ 通过提高顾客满意度和忠诚度,减少退货和投诉等行为的成本,提高商超的利润率。

> **小提示**
>
> 在设定售后服务目标时,商超管理者还应关注市场动态和顾客需求的变化,及时调整和优化售后服务策略,以适应市场的发展和顾客的需求。

二、制定售后服务政策

制定售后服务政策是一项涉及消费者权益保护、商品质量管理以及企业形象提升的重要工作。商超管理者在制定售后服务政策时,需从以下几个方面着手。

1.商品质量保修政策

① 明确各类商品的保修期限,一般商品保修期应不低于国家"三包"政策规定的期限。

② 明确保修范围,包括因商品质量问题导致的性能故障等。

③ 明确保修流程,包括申请保修需要的资料和维修地点等。

2.退换货服务政策

① 明确退换货条件,如商品存在质量问题、商品不符合广告宣传内容、商品配送延误等。

② 明确退款要求,比如顾客在退货时,需提供有效的购物凭证,并将商品保持原状。

③ 明确退换货流程,包括申请退换货需提供的资料及办理的时限等。

3.产品质量投诉处理政策

建立投诉处理机制，明确投诉处理流程、时限和责任人，确保投诉能够得到及时、公正的处理。

> **小提示**
>
> 商超可通过官方网站、社交媒体、店内宣传等多种渠道，向消费者宣传售后服务政策，提高消费者的知晓率和满意度。

三、建立售后服务团队

售后服务工作需要由专业的售后服务团队来完成。因此，商超管理者应组建高效的售后服务团队来为顾客提供优质的售后服务。

1.团队组建与人员选拔

① 根据商超的实际情况，合理设置售后服务团队的岗位，如售后服务经理、售后服务代表、售后服务工程师、售后服务数据分析员等，确保每个岗位的职责明确且相互协作。

② 招募具有相关经验和专业技能的团队成员，重视团队成员的沟通能力和解决问题的能力。通过面试、技能测试等方式选拔优秀人才。

2.服务人员培训

① 确保团队成员对商超所售商品有深入的了解，包括商品的功能、使用方法、常见问题及解决方案等。

② 对团队成员进行服务技巧、沟通技巧、情绪管理等方面的培训，提升团队成员的服务质量和应对复杂问题的能力。

③ 定期举办培训活动，更新团队成员的知识和技能，以适应市场和商品的变化。

3.制定管理制度与激励机制

① 制定完善的售后服务管理制度，包括工作规范、考核标准、奖惩机制等，确保团队成员的行为符合公司要求和顾客期望。

② 建立有效的激励机制，激励内容如绩效奖金、晋升机会、表彰奖励等，激发团队成员的积极性和创造力。

4.强化团队协作与沟通

① 确保团队成员之间分工明确,同时加强协作与配合,共同应对复杂的售后服务问题。

② 建立有效的沟通渠道,如定期会议、工作群聊等,确保信息畅通无阻,提高团队的整体效率。

四、优化售后服务流程

售后服务流程是指从用户提交售后申请到问题解决的整个过程。一个高效、简洁且透明的售后服务流程不仅能够减少顾客的等待时间和不满情绪,还能增强顾客对商超的信任感。商超管理者可从图6-2所示的三个方面来优化售后服务流程。

图6-2 优化售后服务流程的要点

1.简化流程

减少顾客在退换货、维修等过程中的烦琐步骤,确保流程简洁明了。具体要求如下。

(1)统一标准

制定统一的退换货和维修政策,明确适用条件、所需材料和时间要求,避免顾客因信息不明确而反复咨询或多次提交资料。

(2)自助服务

开发或优化在线自助服务平台,如自助申请退换货、预约维修等,让顾客能够根据自己的需求快速完成初步操作,减少人工介入的必要。

(3)一站式服务

尽可能在顾客首次接触时解决其问题,减少顾客在不同部门或人员之间的转接次数,提供一站式解决方案。

比如,退换货流程可以简化为"在线申请—审核通过—寄回商品—退款/换货"四个步骤,以减少顾客到店或多次沟通的时间成本。维修流程可以通过在线预约、上门取件、维修跟踪、送还商品等环节,实现全程无缝对接,提升顾客体验。

2.快速响应

商超建立快速响应机制,确保顾客的问题和投诉能够得到及时处理。具体措施如图6-3所示。

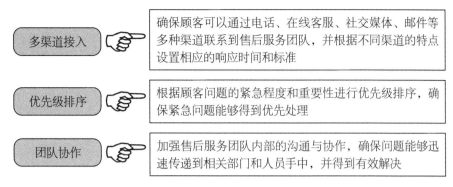

图6-3 建立快速响应机制的措施

有了快速响应机制，还需贯彻实施，才能真正做到快速响应。对此，商超管理者可以设定明确的响应时间目标，如电话接听响应时间不超过30秒，在线客服回复时间不超过3分钟等，并监控执行情况以确保达标。

> **小提示**
>
> 商超可以引入智能客服系统，利用AI（人工智能）技术自动处理常见问题，减轻人工客服压力，提高响应速度。

3.透明化

商超应将售后服务流程公开透明化，让顾客清楚了解每一步的进展和结果。具体要求如图6-4所示。

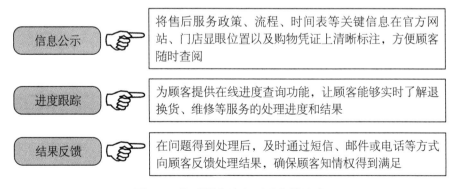

图6-4 售后服务流程透明化的要求

比如，在售后服务平台上设置"我的订单""我的服务"等模块，让顾客可以方便地查看自己的退换货和维修记录及状态。对于需要较长时间处理的问题，定期向顾客发送进度通知，保持沟通的连续性和透明度。

五、提供多渠道售后服务

随着互联网技术的发展和消费者购物习惯的变化，单一的售后服务渠道已难以满足顾客的需求。商超需要提供多样化的售后服务渠道，以便顾客能够根据自己的需求和偏好选择合适的方式进行咨询、投诉和问题解决。

1.线上渠道

商超提供售后服务的线上渠道有图6-5所示的几种。

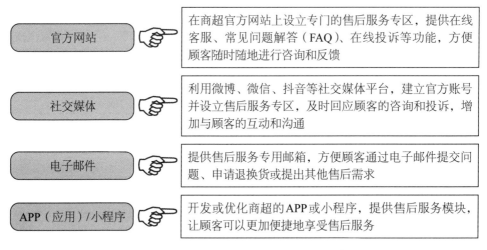

图6-5　商超提供售后服务的线上渠道

2.线下渠道

商超提供售后服务的线下渠道有图6-6所示的几种。

门店服务台或客服中心	自助服务终端	热线电话
在商超门店内设立专门的服务台或客服中心，配备专业的售后服务人员，为顾客提供面对面的咨询和投诉处理服务	在门店内设置自助服务终端，让顾客可以自行查询订单信息、申请退换货等，减少等待时间	设立售后服务热线电话，提供24小时不间断的服务，确保顾客可以随时拨打电话进行咨询或投诉

图6-6　商超提供售后服务的线下渠道

六、加强售后服务监督与改进

加强售后服务监督与改进需要从图6-7所示的几个方面入手。通过这些措施的实施和落实可以不断提升售后服务的质量和效率，进而提升顾客满意度和品牌形象。

第六章　顾客服务与体验升级

| 建立健全的售后服务监督体系 | 实施有效的监督措施 | 加强售后服务改进措施 | 建立持续改进机制 |

图6-7　加强售后服务监督与改进的措施

1.建立健全的售后服务监督体系

（1）设立专门的监督部门

商超应设立专门的售后服务监督部门，负责监督售后服务流程的执行情况，确保服务质量和效率。

（2）制定监督标准和考核指标

明确售后服务的监督标准和考核指标，如响应时间、处理效率、顾客满意度等，以便对售后服务进行量化评估。

（3）引入第三方监督

可以邀请第三方机构或消费者代表参与售后服务的监督工作，增加监督的公正性和透明度。

2.实施有效的监督措施

有效的监督措施如图6-8所示。

定期对售后服务流程进行检查和评估，发现问题及时整改，确保服务流程顺畅无阻

建立顾客反馈机制，通过问卷调查、在线评价、电话回访等方式收集顾客对售后服务的意见和建议，作为监督和改进的依据

利用现代信息技术手段，如大数据分析、人工智能等，对售后服务过程进行实时监控和预警，及时发现并处理潜在问题

图6-8　有效的监督措施

3.加强售后服务改进措施

售后服务改进措施如图6-9所示。

4.建立持续改进机制

（1）定期总结与反思

定期对售后服务工作进行总结和反思，找出存在的问题和不足，制定改进措施并落实到位。

131

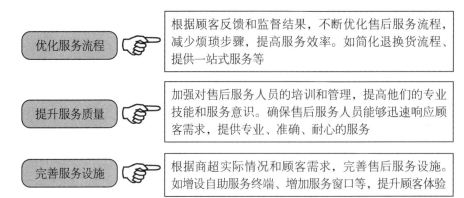

图6-9 售后服务改进措施

（2）鼓励创新与探索

鼓励售后服务团队进行创新和探索，尝试新的服务模式和技术手段，以提升服务质量和效率。

（3）加强沟通与协作

加强售后服务部门与其他部门的沟通与协作，形成合力，共同提升售后服务水平。如与商品采购部门合作，优化商品质量，降低退换货率；与物流部门合作，提高配送效率等。

第二节　妥善处理顾客投诉

顾客去投诉，重要诉求之一就是问题得到解决，此外顾客还希望得到商超的关注和重视。有时顾客不投诉，是因为不相信问题可以得到解决或者认为投入和产出会不成比例；投诉的顾客往往是忠诚度很高的顾客。总之，妥善地处理顾客投诉，能有效地为企业赢得顾客的高度认可和信赖。

一、顾客投诉的原因

顾客投诉的原因多种多样，但主要可以归纳为以下几个方面。

1. 商品问题

商品问题导致顾客投诉的原因主要有表6-1所示的几种。

2. 服务问题

服务问题导致顾客投诉的原因主要有表6-2所示的几种。

表6-1　商品问题导致顾客投诉的原因

序号	投诉原因	具体说明
1	商品质量不良	（1）商品存在质量问题，如破损、过期、变质等 （2）商品性能与宣传不符，导致顾客使用后发现无法满足需求
2	商品标识不清	（1）商品标签信息缺失或错误，如生产日期、保质期、成分表等不清晰或错误 （2）商品分类摆放混乱，导致顾客难以找到所需商品

表6-2　服务问题导致顾客投诉的原因

序号	投诉原因	具体说明
1	服务态度不佳	（1）营业员对顾客态度冷淡、不耐烦，甚至恶语相向 （2）营业员在顾客咨询时缺乏耐心，回答不详细或错误
2	服务方式欠佳	（1）接待顾客时速度慢，搞错排队顺序 （2）商品介绍不详细，缺乏语言技巧，无法准确传达商品信息 （3）售后服务不到位，如送货不准时、送错货、不遵守约定等
3	营业员自身问题	（1）营业员自身行为不当，如衣着不整洁、举止粗俗等 （2）营业员之间发生争吵，影响顾客购物体验

3.价格问题

价格问题导致顾客投诉的原因主要有表6-3所示的几种。

表6-3　价格问题导致顾客投诉的原因

序号	投诉原因	具体说明
1	价格误导	（1）商品标价与实际售价不符，存在价格欺诈行为 （2）促销活动规则不明确，导致顾客产生误解
2	价格不合理	（1）商品价格过高，与其他商超的同类商品相比缺乏竞争力 （2）商品价格频繁变动，影响顾客的购买决策

4.环境问题

环境问题导致顾客投诉的原因主要有表6-4所示的几种。

表6-4　环境问题导致顾客投诉的原因

序号	投诉原因	具体说明
1	购物环境不佳	（1）商超内卫生状况差，存在异味、垃圾等 （2）商超内温度、湿度等环境条件不适宜，影响顾客购物体验
2	噪声干扰	（1）商超内播放的音乐、广告声音过大，影响顾客购物心情 （2）顾客之间或营业员之间的喧哗声也可能成为投诉的原因

5. 其他因素

其他因素导致顾客投诉的原因主要有表6-5所示的几种。

表6-5 其他因素导致顾客投诉的原因

序号	投诉原因	具体说明
1	顾客个人原因	（1）顾客对商超的期望过高，当实际体验与期望不符时产生不满 （2）顾客自身情绪问题，如顾客心情不好时更容易对服务产生不满
2	外部因素	天气、交通等外部因素导致顾客购物不便或迟到，进而对商超产生不满

二、处理顾客投诉的流程

商超处理顾客投诉的流程通常包括图6-10所示的几个步骤，以确保问题得到及时、公正和有效的解决。

图6-10 处理顾客投诉的流程

1. 接受投诉

（1）初步接触

售后服务人员应礼貌、耐心地接待投诉的顾客，让顾客感受到被重视和尊重。

（2）记录信息

详细记录顾客的投诉内容，包括投诉的具体问题、时间、地点、涉及的商品或服务等关键信息。

2. 确认投诉

（1）核实情况

根据顾客提供的投诉信息，商超内部应迅速核实相关情况，包括查看监控录像、查询销售记录、检查商品质量等。

（2）明确责任

在核实情况的基础上，明确投诉的责任归属，判断是商超的责任还是其他方面的责任。

3. 提出解决方案

（1）制定方案

根据投诉的具体情况和责任归属，售后服务人员应制定具体的解决方案，确保方案具有可行性和有效性。

（2）与顾客沟通

就解决方案与顾客进行沟通，解释解决方案的合理性和可行性，并征求顾客的意见和建议。

（3）达成共识

在充分沟通的基础上，与顾客达成共识，明确解决方案的执行时间和方式。

4. 执行解决方案

（1）迅速行动

按照达成的共识，售后服务人员应迅速执行解决方案，确保问题得到及时解决。

（2）跟踪进度

在解决方案执行过程中，售后服务人员应跟踪处理进度，确保各项措施得到有效落实。

5. 反馈处理结果

（1）告知结果

在解决方案执行完毕后，售后服务人员应及时向顾客反馈处理结果，并告知顾客处理的具体情况。

（2）征求满意度

征求顾客对处理结果的满意度，了解顾客是否对处理结果感到满意。

6. 总结与改进

（1）总结经验

对处理顾客投诉的过程进行总结，提炼出有效的处理方法和技巧。

（2）分析原因

深入分析投诉产生的原因，找出商超在服务、商品、环境等方面存在的问题和不足。

（3）制定改进措施

针对存在的问题和不足，制定具体的改进措施，提高商超的服务质量和顾客满意度。

7. 记录与归档

（1）记录投诉

将投诉内容、处理过程、处理结果等信息详细记录在案，以便后续查阅和分析。

（2）归档管理

对投诉记录进行归档管理，确保投诉信息的完整性和可追溯性。

三、处理顾客投诉的技巧

商超在处理顾客投诉时需要细致且周到，以确保顾客的满意度和信任度，这就需要掌握一定的技巧，具体如图6-11所示。

图6-11 处理顾客投诉的技巧

1. 倾听与理解

（1）耐心倾听

要给予顾客充分的时间和空间来表达他们的不满和提出投诉。在倾听过程中，保持专注和耐心，不打断顾客，让顾客感受到被重视和尊重。

（2）表达理解

通过语气和表情表达对顾客遭遇的理解，这有助于缓解顾客的紧张情绪，为后续的投诉处理工作打下良好的基础。

2. 积极应对

（1）及时响应

一旦接到顾客投诉，应立即做出反应，避免拖延导致顾客不满情绪升级。及时快速响应可以展现商超对顾客投诉的重视和高效处理能力。

（2）明确责任

在了解投诉内容后，迅速判断责任归属。如果是自身的责任，商超应勇于承担并积极寻求解决方案；如果是其他方面的责任，也应积极协助顾客解决问题。

3. 有效沟通

（1）清晰表达

在与顾客沟通过程中，使用清晰、准确的语言表达观点和提出解决方案。避免使用模糊或含糊的表述，以免引起误解或产生新的矛盾。

（2）保持礼貌

在沟通过程中，始终保持礼貌和尊重的态度。即使顾客情绪激动或言语过激，也应保持冷静和克制，避免与顾客发生争执或冲突。

4. 灵活处理

（1）灵活应对

在处理顾客投诉时，应根据具体情况灵活应对。不同的投诉可能需要不同的处理方式和解决方案。因此，在处理过程中要保持灵活性，根据实际情况做出适当的调整。

（2）寻求双赢

在处理投诉的过程中，应努力寻求双方都能接受的解决方案。这不仅可以解决顾客的投诉问题，还可以维护商超的利益和品牌形象。

5. 后续跟进

（1）跟踪处理

在解决方案执行过程中，要跟踪处理进度，确保各项措施得到有效落实。如果遇到问题或困难，应及时与顾客沟通并寻求新的解决方案。

（2）反馈结果

在解决方案执行完毕后，要及时向顾客反馈处理结果，并征求顾客对处理结果的满意度评价。这有助于了解顾客对处理结果的看法和意见，为今后的改进工作提供参考。

6. 建立档案与总结

（1）建立档案

将投诉内容、处理过程、处理结果等信息详细记录在案，建立顾客投诉档案。这有助于后续查阅和分析顾客投诉的原因和趋势。

（2）总结分析

定期对顾客投诉档案进行总结和分析，找出商超在服务、商品、环境等方面存在的问题和不足。针对这些问题和不足制定具体的改进措施和计划，不断提高商超的服务质量和顾客满意度。

四、预防顾客投诉的措施

为了预防顾客投诉，商超可以采取图6-12所示的措施。

1. 提升商品与服务质量

（1）严格质量控制

对商品进行严格的入库检验，确保商品质量符合标准。定期对商品进行质量抽查，及时发现并处理有质量问题的商品。提供高品质的客户服务，包括礼貌、专业、耐心的服务态度和快速响应顾客需求的能力。

图6-12 预防顾客投诉的措施

（2）优化商品陈列与选择

根据顾客需求和市场趋势，合理布局商品陈列，提高顾客购物体验。提供多样化的商品选择，满足不同顾客的购物需求。

2. 制定并执行服务标准

（1）明确服务承诺

制定清晰、具体、可实现的服务承诺，并通过宣传、促销等方式告知顾客。努力兑现服务承诺，确保顾客感受到商超的诚信和责任感。

（2）加强员工培训

定期对员工进行服务技能、产品知识、沟通技巧等方面的培训，提高员工的服务意识和专业水平，确保员工能够妥善处理顾客问题。

3. 建立顾客反馈机制

（1）设立投诉渠道

设立投诉热线、在线客服、意见箱等多种投诉渠道，方便顾客随时反馈问题。确保投诉渠道畅通无阻，及时响应顾客投诉。

（2）积极收集顾客反馈

通过问卷调查、顾客访谈、社交媒体等方式主动收集顾客反馈。对顾客反馈进行整理和分析，找出服务中的不足和改进点。

4. 加强内部管理

（1）建立健全的投诉处理机制

制定明确的投诉处理流程和规范，确保投诉得到及时、有效的处理。明确处理投诉的部门、人员、权限和责任，确保投诉处理工作的顺利进行。

（2）加强内部沟通与协作

加强各部门之间的沟通与协作，确保信息流通畅通无阻。及时处理内部矛盾和冲突，避免因内部问题影响顾客满意度。

5.关注顾客需求与期望

（1）市场调研与顾客分析

定期进行市场调研和顾客分析，了解顾客需求和期望的变化趋势。根据调研结果调整商品结构、服务内容和营销策略等。

（2）控制顾客期望

通过恰当的宣传和促销手段控制顾客的期望水平，避免顾客期望过高导致的不满和投诉。在服务过程中保持与顾客的沟通顺畅，及时告知顾客服务进度和可能存在的问题。

第三节　建立顾客会员制度

顾客会员制度是一种有效的顾客关系管理工具，建立该制度旨在提升顾客忠诚度、增加顾客黏性并促进消费。商超管理者应根据企业实际情况，制定出合适的顾客会员制度政策，提升顾客忠诚度和消费体验。

一、明确会员制度目标

明确会员制度目标不仅为会员服务的制定提供了方向，还直接影响到会员制度的实施效果以及商超整体业务的发展。一般来说，商超建立会员制度的目标主要有表6-6所示的几种。

表6-6　建立会员制度的目标

序号	目标	具体说明
1	提升顾客忠诚度	会员制度通过提供独特的权益和优惠，增强顾客对商超的认同感和归属感，从而促使他们更频繁地光顾商超，形成稳定的顾客群体
2	增加顾客黏性	通过积分累积、会员等级提升、专属优惠等手段，增加顾客在商超的停留时间和消费频次，使顾客与商超之间建立更加紧密的联系
3	促进消费增长	会员制度可以激发顾客的购买欲望，提高客单价和购买频次。通过会员专属的折扣、促销活动等，引导顾客购买更多商品，增加商超的销售额
4	收集顾客数据	会员注册过程中收集到的顾客信息，如消费习惯、偏好等，为商超提供了宝贵的市场数据。这些数据有助于商超更好地了解顾客需求，优化商品结构和提高服务质量
5	增强品牌竞争力	完善的会员制度能够提升商超的品牌形象和知名度，吸引更多潜在顾客关注。通过提供差异化的会员服务，商超可以在激烈的市场竞争中脱颖而出

二、设计会员制度内容

1. 会员资格与申请

① 资格条件。设定合理的入会门槛,如年龄限制、消费额要求等。

② 申请方式。通过商超官方网站、APP、线下门店等渠道申请成为会员。

2. 会员等级划分

根据会员在商超内的消费额、购物频次、积分累积等情况,将会员划分为不同等级,如普通会员、银牌会员、金牌会员等。

不同等级的会员享有不同级别的权益和优惠。

3. 会员权益与优惠

会员卡或会员计划的核心在于其提供的会员权益。商超需要精心设计一系列吸引人的权益,以激发顾客的注册兴趣。这些权益与优惠可以包括但不限于图6-13所示的内容。

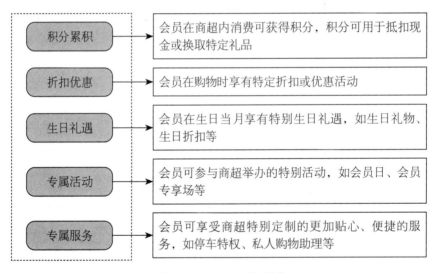

图6-13 会员权益与优惠

4. 会员信息管理

对会员信息严格保密,确保会员信息安全。允许会员通过官方渠道查询其个人信息、消费记录、积分明细等。

5. 会员违规处理

对于有恶意使用会员权益、违规操作或损害商超利益行为的会员,商超有权采取相应措施,如取消其会员资格、限制其购物权益等。

三、简化会员注册流程

为了鼓励更多顾客注册成为会员，商超需要简化会员注册流程，降低注册门槛。顾客可以通过多种渠道进行注册，如商超官方网站、APP、线下门店等。同时，商超可以提供多种注册方式，如手机号注册、邮箱注册、社交媒体账号绑定等，以满足不同顾客的需求。

四、加强宣传与推广

推出会员卡或会员计划后，商超需要加强宣传与推广，让更多的顾客了解并关注这一计划。宣传渠道可以包括社交媒体、广告、店内宣传、合作伙伴推广等。在宣传过程中，商超需要突出会员计划的独特魅力和吸引力，激发顾客的注册欲望。

同时，商超要对员工进行会员制度相关培训，确保员工了解并熟练掌握会员制度的内容和操作流程，以便为顾客提供会员制度咨询和指导服务，解答顾客疑问。

五、持续优化与改进

推出会员卡或会员计划后，商超需要持续关注其运营效果，并根据顾客反馈和市场变化进行持续优化与改进，包括调整会员权益、优化注册流程、提高服务质量等方面。通过不断优化和改进，商超可以确保会员计划始终保持吸引力和竞争力，从而持续提升顾客忠诚度和消费体验。

第四节　提升顾客购物体验

商超的购物环境是影响消费者购物体验的重要因素之一。一个舒适、温馨的购物环境可以让消费者更愿意停留和购物。对此，商超管理者可从以下几个方面着手优化门店的购物环境，从而提升顾客的购物体验。

一、空间布局合理

一个布局合理的购物环境不仅能够让顾客轻松找到所需商品，还能激发他们的购买欲望，增强顾客的满意度和忠诚度。表6-7所示的是商超空间布局合理的一些关键要素。

表6-7 空间布局合理的要点

序号	布局要点	具体说明
1	入口设计	商超的入口应设计得醒目且吸引人,可以通过明亮的灯光、吸引人的广告牌或季节性装饰来引导顾客进入。同时,入口区域应保持通畅,避免拥堵,确保顾客能顺畅进入
2	动线规划	合理的动线规划是商超布局的核心。动线应清晰明了,引导顾客自然流畅地浏览整个超市,确保每个区域都能被有效访问。动线设计应考虑到顾客的购物习惯和商品分类,如将高频购买的商品(如生鲜、日用品)放置在入口附近,而将大件或低频购买的商品(如家电、家具)放置在较深处或专门区域
3	通道宽度	通道应足够宽敞,以便顾客推着购物车轻松通过,同时避免拥挤和碰撞。通道两侧的商品陈列不应过于密集,以免影响顾客的视线和通行
4	指示标识	清晰明了的指示标识有助于顾客快速找到目标商品或区域。商超内应设置足够的指示牌、地图和导向标识,以引导顾客更便捷地到达目的地
5	商品分区	根据商品种类和顾客购物习惯,将超市划分为不同的区域,如生鲜区、食品区、日用品区、家电区等。每个区域应有明确的标识和边界,以便顾客快速找到所需商品
6	分类陈列	在每个区域内,商品应按照一定的分类标准(如品牌、功能、价格等)进行陈列,以便顾客能够轻松比较和选择

二、设施完善便捷

完善的设施能够大大缩短顾客的等待时间,提高购物效率,使顾客感受到便捷和舒适。对此,商超管理者可从表6-8所示的几个方面来完善门店的设施,提升顾客的购物体验。

表6-8 完善设施的要点

序号	完善要点	具体说明
1	停车设施	(1)宽敞的停车位。提供足够数量的停车位,确保顾客能够方便停车。可以考虑设置多层停车场或地下停车场,增加停车容量 (2)无障碍停车位。为残障人士和行动不便的顾客提供无障碍停车位,并设置明显的标识和指引
2	收银与结账	(1)多通道收银。设置多个收银通道,减少顾客排队等待的时间。在高峰期可以增设临时收银台或开启快速结账通道 (2)自助结账机。引入自助结账机,提高结账效率。自助结账机应具备操作简单、快速识别的特点,方便顾客使用
3	休息区与娱乐设施	(1)舒适的休息区。在商超内设置舒适的休息区,供顾客休息和等待。休息区可以配备座椅、饮水机等设施,提升顾客的满意度 (2)母婴室。在商超内设置母婴室,母婴室内应配备干净的哺乳椅、护

续表

序号	完善要点	具体说明
3	休息区与娱乐设施	理台、婴儿床、洗手台、垃圾桶等设施，以及纸巾、湿巾、婴儿尿布、婴儿洗护用品等物品，以方便母婴使用。母婴室的卫生应由专人负责，每日定期清洁，定期消毒 （3）娱乐设施。根据商超规模和顾客需求，增设儿童游乐区、咖啡厅等娱乐设施，提升顾客的购物乐趣和体验
4	无障碍设施	（1）无障碍通道。确保商超内有无障碍通道，方便残障人士和行动不便的顾客购物 （2）无障碍卫生间。设置无障碍卫生间，并配备必要的辅助设施，如扶手、紧急呼叫按钮等
5	其他服务设施	（1）存包柜，提供存包服务，方便顾客存放随身物品 （2）购物篮与手推车。提供足够数量的购物篮和手推车，方便顾客购物。购物篮和手推车应保持整洁干净，并定期检查维修，确保使用安全 （3）信息导览。设置清晰的信息导览系统，如电子导览屏、指示牌等，帮助顾客快速找到所需商品和商品所在区域

三、美化购物环境

购物环境是指由固定的商品销售所需要的场所和空间营造出的氛围和情境。购物环境设计必须充分为顾客着想，周到完善、富有人情味的购物环境有助于提升顾客的购物体验和满意度，进而增强商超的市场竞争力。商超管理者可从表6-9所示的几个方面来美化门店的购物环境。

表6-9 美化购物环境的要点

序号	美化要点	具体说明
1	装修风格	商超整体装修风格应统一协调，体现品牌形象和企业文化。可采用现代简约风格，营造清新明亮的购物环境，并适当融入个性化元素，如特色墙面装饰、艺术品陈列等，增加购物环境的趣味性和吸引力
2	色彩搭配	运用色彩心理学原理，选择合适的色彩搭配方案，营造舒适、温馨的购物氛围。确保商超内外装修色彩符合品牌标准色，增强品牌识别度
3	灯光照明	采用科学合理的照明设计，确保商超内部光线充足且分布均匀。可利用不同层次的灯光（如主灯、壁灯、射灯等）营造丰富的光影效果，提升商品展示效果。尽可能引入自然光，让顾客在购物时感受到自然与舒适的氛围
4	音乐氛围	播放与商超氛围相符的背景音乐，营造轻松愉快的购物环境。确保音乐音量适中，既不影响顾客交流又能起到营造氛围的作用
5	美陈布置	根据季节变化进行美陈布置，如春节期间的红色装饰、夏季的清凉元素等。定期举办主题展览或活动，如艺术展览、美食节等，增加商超的文化内涵和吸引力

续表

序号	美化要点	具体说明
6	绿化装饰	在商超内部摆放适量的绿植，如盆栽、垂直花园等，提升空气质量并增加生机感。商超外部也应注重绿化装饰，如设置花坛、草坪等，营造宜人的购物环境
7	环境卫生	定期对商超内外进行清洁打扫，确保环境整洁无异味。设置垃圾分类回收站，引导顾客进行垃圾分类投放
8	设施维护	对商超内的各项设施进行定期检查和维护，确保其正常运行和使用安全。对发现的问题和故障及时进行维修处理，避免影响顾客购物体验

四、提升商品品质

在消费升级的背景下，消费者对商品品质的要求越来越高。因此，商超经营的首要任务就是提升商品品质。商超可以与优质的供应商合作，引进高质量的商品，为消费者提供更多优质、多元的选择。

1. 商品筛选

在商超的运营中，商品筛选是至关重要的一环。这不仅关系到商超的声誉，更直接影响到顾客的购物体验和满意度。为了确保所售商品的质量，商超管理者可采取表6-10所示的筛选措施。

表6-10 商品筛选措施

序号	措施	具体说明
1	建立质量标准体系	商超应建立一套完善的商品质量标准体系，明确各类商品的质量要求、检验方法和验收标准。这些标准应参考国家相关法律法规、行业标准以及顾客的实际需求，确保所售商品既合法合规又符合顾客期望
2	供应商评估与选择	商超应对潜在供应商进行全面评估，包括其生产能力、质量管理体系、信誉度等方面。只有符合商超质量标准的供应商才能被纳入合作范围，从源头上保障商品质量
3	入库检验与抽检	所有入库商品均需经过严格的质量检验，包括外观检查、功能测试、成分分析等。同时，商超还需定期对在架商品进行抽检，确保商品在存储和销售过程中保持良好品质
4	建立质量追溯体系	建立完善的商品质量追溯体系，记录商品从生产到销售的每一个环节。一旦发现质量问题，能够迅速追溯到源头，采取有效措施进行处理，防止问题扩大

2. 丰富种类

为了满足不同顾客的多样化需求，商超需要不断丰富商品种类。这不仅有助于提升顾客的购物体验，还能增强商超的市场竞争力。具体措施如表6-11所示。

表6-11 丰富种类措施

序号	措施	具体说明
1	市场调研与分析	定期进行市场调研，了解行业趋势、竞争对手动态以及顾客需求变化。通过分析调研结果，商超可以准确把握市场脉搏，为引进新品和特色商品提供有力支持
2	制定新品引进策略	根据市场调研结果和商超定位，制定新品引进策略。重点引进那些符合市场需求、具有差异化竞争优势的商品，以及能够提升商超品牌形象和知名度的特色商品
3	商品结构调整	根据销售数据和顾客反馈，及时调整商品结构。对于销量不佳、顾客评价较差的商品进行淘汰或优化；对于热销商品和受顾客喜爱的特色商品则加大采购力度和推广力度
4	多样化陈列与展示	通过多样化的陈列方式和展示手段吸引顾客眼球。例如设置新品专区、特色商品展示区等，利用灯光、色彩、道具等元素营造独特的购物氛围和增加视觉冲击力

五、引入科技元素

商超通过引入科技元素来提升购物体验已成为当前零售业的重要趋势。图6-14所示的是商超通过科技手段提升顾客购物体验的具体方式。

图6-14 引入科技元素的方式

1.引入智能导购机器人

商超可以引入智能导购机器人，这些机器人能够识别顾客的语音指令，提供商品位置导航、商品信息查询、商品价格比较等服务。顾客只需简单询问，机器人即可快速响应，引导顾客找到所需商品。

2.开发或优化智能导购APP

开发或优化商超的官方APP，提供商品搜索、购物车管理、在线支付、订单跟踪等功能。同时，APP还可以根据顾客的购物历史和偏好，提供个性化的商品推荐和优惠信息，增强顾客的购物体验。

3. 设置自助结账机

在商超内设置自助结账机，顾客可以自行扫描商品、核对价格并完成支付。这种方式可以减少排队等待时间，提高结账效率。同时，自助结账机还可以支持多种支付方式（如现金、银行卡、移动支付等），满足顾客的多样化需求。

4. 引入智能购物车

引入智能购物车，这些购物车可以配备触摸屏、扫描枪等设备，顾客可以在购物过程中随时查看商品信息、计算总价并添加至购物车。部分智能购物车还具有导航功能，可以帮助顾客快速找到所需商品。

5. 开发智能客服系统

开发智能客服系统，通过语音识别和自然语言处理技术实现与顾客的实时对话。顾客可以通过语音或文字咨询商品信息、促销活动、售后服务等问题，系统能够自动回答常见问题并提供相关帮助。

6. 配备语音购物助手

将商超的官方APP与主流语音助手（如Siri、小爱同学等）进行集成，顾客可以通过语音指令完成商品搜索、加入购物车、下单支付等操作。这种方式可以进一步简化购物流程，提高购物便利性。

 相关链接

商场智能导视系统提升顾客体验

近年来，随着人们生活水平的提高，商场购物中心超大的经营规模在为广大顾客提供更多的购物选择的同时，也面临着许多问题。当顾客走进庞大的商场购物中心，穿梭在纷繁的商场店铺中，往往会迷失其中。如何能够让顾客在商场购物消费时有更轻松方便的体验？当顾客已经身处商场购物中心时，如何能迅速将品牌和商品信息传递给潜在顾客，并一键引导顾客到店？建立商场智能导视系统可解决这些问题，提升顾客体验。该系统具有智能导览、位置共享、优惠推送三个功能。

1.智能导览

智能导视系统将整个商场的结构布局及各家商户分楼层展现在系统中，同时支持跨平台应用。结合相应的室内定位技术，顾客可以通过手机、iPad等移动端设备进行实时的定位导航，让顾客随时都能知道自己所处的位置，避免走冤枉路。顾客也可以通过商场内的智能导视系统输入名称关键字搜索目标店铺或者商品，点击一键导航按钮,系统会根据顾客当前位置及目的地自动生成最佳导航路线,大大提升了用户体验。

2. 位置共享

在大型商场随时都有走散的可能,很多顾客选择到商场聚餐,原因在于此处既能开心逛街,又能一起吃饭,然而经常因找不到对方而着急和担心。对于后到的顾客而言,在寻找聚餐地点时会遇到很多问题,一般都会打电话或发微信询问朋友聚餐地点在几层的什么位置。这样就会浪费顾客的很多时间和精力,也会造成不好的顾客体验。位置共享功能便能快速地解决这些问题,通过共享好友之间的位置信息进行实时导航,使顾客能快速地抵达好友身边,再也不用担心找不到彼此。

3. 优惠推送

大型商场为了吸引客流量,经常会组织各类文化或商业活动,同时众多商家也希望能将自己的优惠券等信息通过电子渠道精确发放或推送。结合蓝牙、GPS(全球定位系统)和INS(惯性导航系统)等融合定位技术,当用户走进一定范围内,附近商家即可针对性地向用户推送活动信息,提高用户活跃度、鼓励用户参与、刺激用户消费。

智能导视系统基于一张地图的展现,让整个商场的服务更加灵活。在提升用户体验的同时,也促进了商场的整体运营情况,提高了商场销售额。

六、关注特殊顾客需求

不可避免,商超会接待一些有特殊需求的顾客。在关注特殊顾客需求方面,可以采取图6-15所示的措施来确保所有顾客都能享受到便捷、舒适和受到尊重的购物体验。

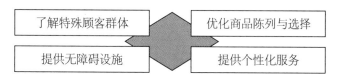

图6-15 关注特殊顾客需求的措施

1. 了解特殊顾客群体

商超需要明确哪些顾客群体属于特殊顾客,这包括但不限于老年人、残疾人、孕妇、儿童以及有特殊饮食需求的顾客(如素食者、无麸质饮食者等)。通过市场调研和顾客反馈,商超可以更加准确地了解这些顾客的需求和偏好。

2. 提供无障碍设施

商超可以提供图6-16所示的无障碍设施。

| 无障碍通道 | 商超应确保有宽敞、无障碍的通道，方便轮椅、婴儿车等通行。同时，超市入口、出口以及各个区域之间应设置明确的指示牌和标识，帮助特殊顾客轻松找到所需商品 |

| 电梯或升降设备 | 对于多层商超，应安装电梯或升降设备，确保特殊顾客能够方便地到达各个楼层。电梯内应设有扶手、紧急呼叫按钮等安全设施，并定期进行维护和检查 |

| 卫生间设施 | 商超应提供无障碍卫生间，包括坐便器、扶手、紧急呼叫按钮等，以满足特殊顾客的需求 |

图6-16　无障碍设施

3. 优化商品陈列与选择

优化商品陈列与选择的措施包括但不限于图6-17所展示的内容。

| 低位陈列 | 对于老年人等行动不便的顾客，商超可以将部分常用商品放置在低层货架上，方便他们取用 |

| 提供特殊需求商品 | 商超应关注特殊饮食需求顾客，如提供素食、无麸质食品等特定食品专区，并在商品标签上明确标注成分和营养信息 |

| 设立母婴专区 | 设立母婴专区，提供婴儿奶粉、尿布、辅食等商品，并设置哺乳室、婴儿车停放区等便利设施 |

图6-17　优化商品陈列与选择的措施

4. 提供个性化服务

商超可提供图6-18所示的个性化服务项目。

| 员工培训 | 商超应对员工进行特殊顾客服务培训，包括沟通技巧、特殊需求识别和处理等，确保他们能够热情、耐心地帮助特殊顾客解决问题 |

| 特殊通道与优先服务 | 在高峰期或特殊情况下，商超可以为特殊顾客提供优先结账通道或预约购物服务，以减少他们的等待时间 |

| 送货上门 | 对于行动不便的顾客，商超可以提供送货上门服务，确保他们能够方便地购买到所需商品 |

图6-18　个性化服务项目

第七章
团队管理与人才培养

第一节　员工招聘与选拔

商超作为服务行业的重要组成部分，其员工招聘制度直接关系到企业的运营效率和服务质量。科学合理的员工招聘制度能够确保商超员工的素质和能力达到企业要求，从而提升整体服务水平，吸引和留住顾客。

一、招聘需求分析

商超管理者在进行招聘需求分析时，需要综合考虑图7-1所示的多个因素，以确保招聘到符合商超运营需求的高素质员工。

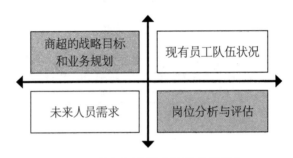

图7-1　分析招聘需求需考虑的因素

1.商超的战略目标和业务规划

商超管理者需要明确商超企业的战略目标和业务规划，包括未来一段时间的发展计划、市场定位、业务扩展方向等。这有助于商超管理者在招聘过程中更准确地把握所需人才的类型和数量。

2.现有员工队伍状况

（1）人员结构分析

了解现有员工队伍中人员的数量、年龄、性别、学历、技能等方面的分布情况，分析是否存在人员结构不合理、技能短缺等问题。

（2）绩效评估

评估员工的工作绩效，识别表现优异和需要改进的员工，为招聘计划提供参考。

3.未来人员需求

（1）业务增长预测

根据商超的业务增长预测，包括销售额、市场份额、新业务拓展等，评估未来对人力资源的需求。

（2）离职率预测

分析历史离职数据，预测未来可能会出现的离职率，为招聘计划预留足够的人才储备。

（3）人员流动分析

考虑员工晋升、转岗、退休等因素，预测未来人员的流动情况，制订相应的人才补充计划。

4.岗位分析与评估

（1）岗位分类

根据商超的运营模式、业务流程和岗位特点，将岗位分为不同的类别，如管理类、销售类、技术类、服务类等。

（2）岗位职责与要求

明确每个岗位的职责、工作内容、技能要求、任职资格等，为招聘活动提供明确的标准。

（3）岗位评估

通过问卷调查、访谈、观察等方法，对岗位进行深入的评估和分析，了解岗位的实际需求和潜在问题。

二、优化招聘流程

优化招聘流程可以提高效率，吸引更多优秀的候选人，并提升整体招聘体验。一般来说，招聘的流程如图7-2所示。

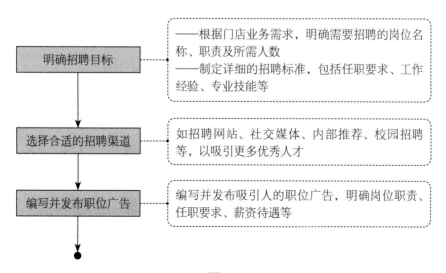

图7-2

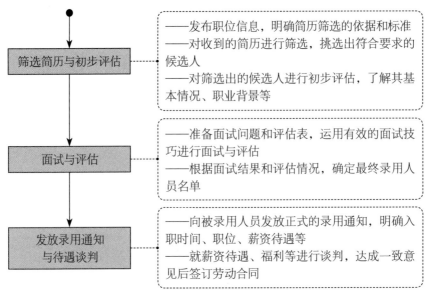

图7-2 招聘流程

三、关注面试环节

人员面试是企业选聘人才的主要环节之一,对于企业的发展和运营具有重要的意义。通过面试,商超管理者能够更好地了解候选人的能力、经验和素质,从而判断其是否满足企业的岗位需求,进而降低雇佣风险。同时,面试也是与候选人建立联系和进行沟通的重要机会,能够塑造企业形象,吸引优秀人才。

1. 准备面试材料和工具

(1)岗位说明书

编制岗位说明书,明确岗位的职责、要求及所需技能,将其作为面试评估的参考依据。

(2)面试问题库

针对岗位特点,设计一系列结构化、非结构化和情景模拟面试问题,以便全面评估候选人的能力和素质。

(3)评估表

制定详细的评估表,用于记录候选人在面试中的表现,包括对沟通能力、专业知识、团队协作、问题解决能力等方面进行评分。

2. 安排面试

(1)确定面试时间和地点

与候选人确认面试的具体时间和地点,确保双方都能准时参加。

（2）准备面试环境

确保面试环境安静、整洁、专业，营造良好的面试氛围。

3.进行面试

进行面试的步骤如图7-3所示。

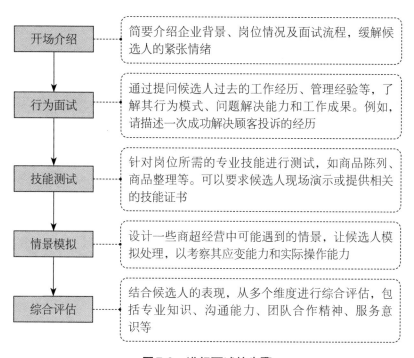

图7-3　进行面试的步骤

4.评估与决策

（1）汇总评估结果

将候选人在面试中的表现记录在评估表上，并进行汇总分析。

（2）比较与选择

根据评估结果，将候选人与其他应聘者进行比较，选择最适合岗位需求的候选人。

（3）确定录用意向

与选定的候选人进行沟通，了解其入职意愿和薪资待遇等要求。

四、选拔人才的标准

商超选拔人才的标准通常涵盖多个方面，以确保所招聘的员工能够胜任之后的工作并促进商超的长期发展。以下是一些常见的商超选拔人才的标准。

1. 专业能力与技能

（1）岗位匹配度

求职者应具备与所申请岗位相匹配的专业知识、技能和经验。例如，收银员应熟悉收银系统操作，客服人员需了解商品信息和销售技巧。

（2）学习能力

商超业务不断变化，员工需要具备良好的学习能力，能够快速适应新的工作环境、技术和流程。

2. 沟通能力与服务意识

（1）沟通能力

商超员工需要与顾客、同事和上级频繁沟通，因此应具备良好的口头和书面沟通能力，能够清晰、准确地表达自己的意见和需求。

（2）服务意识

商超作为服务行业，员工需具备强烈的服务意识，能够主动、热情地满足顾客需求，提升顾客满意度。

3. 团队合作精神

（1）团队协作能力

商超工作往往需要团队合作，员工应具备良好的团队协作能力，能够与同事协作完成工作任务。

（2）服从管理

员工应尊重并服从商超的规章制度和管理要求，与团队保持目标一致。

4. 职业素养与道德品质

职业素养与道德品质涵盖图7-4所示的三个方面。

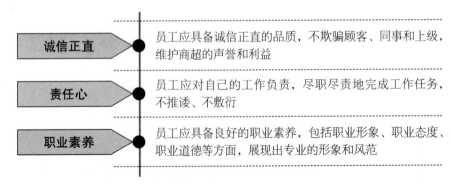

图7-4　职业素养与道德品质的三个方面

5.适应性与稳定性

（1）适应性

商超工作环境复杂多变，员工应具备良好的适应性，能够迅速适应新的工作环境和变化。

（2）稳定性

商超希望员工能够长期稳定发展，减少人员流动带来的成本和风险。因此，员工应表现出对商超的忠诚度和稳定性。

6.潜力与发展

（1）发展潜力

商超关注员工的长期发展潜力，包括职位晋升、技能提升等方面。员工应具备成长和进步的潜力，为商超的持续发展作出贡献。

（2）自我驱动力

员工应具备自我驱动力和进取心，能够积极主动地提升自己的能力和业绩，实现个人和商超的共同成长。

五、选拔人才的方法

选拔人才的方法如图7-5所示。

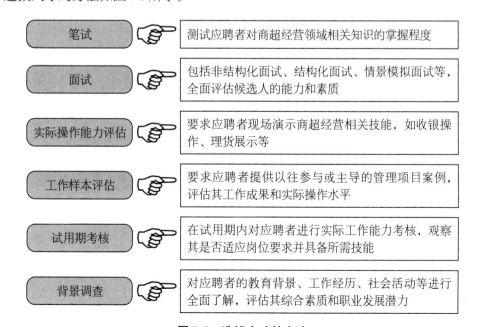

图7-5　选拔人才的方法

第二节 员工培训与发展

员工培训是一个系统性、综合性的过程,通过科学合理的培训计划和有效的培训方式,可以不断提升员工的专业素养、服务技能和团队协作能力,从而提高商超的整体服务质量和竞争力,为商超的持续发展提供有力保障。

一、新员工培训

商超新员工培训是确保新员工快速融入工作环境、掌握基本工作技能并理解企业文化的重要环节。

1. 培训目的

新员工培训目的如图7-6所示。

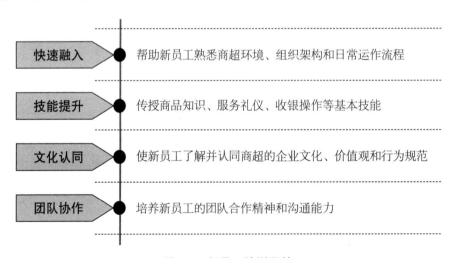

图7-6 新员工培训目的

2. 培训内容

一般来说,对新员工进行培训,可以从表7-1所示的几个方面着手。

表7-1 新员工培训内容

序号	培训内容	具体说明
1	公司与部门介绍	(1)公司概况:介绍商超的历史、发展现状、未来规划等 (2)组织架构:说明商超的部门设置、职责分工及汇报关系 (3)工作环境:带领新员工参观商超,熟悉工作环境和设施

续表

序号	培训内容	具体说明
2	商品知识	（1）商品分类：介绍商品的大类、中类、小类及各自特点 （2）商品特性：讲解各类商品的基本特性、用途、保质期等 （3）陈列技巧：教授商品陈列的原则和技巧，确保商品展示美观、易取
3	服务礼仪	（1）顾客服务：学习顾客服务的基本流程、服务用语和礼仪规范 （2）投诉处理：掌握处理顾客投诉的方法和技巧，提高顾客满意度 （3）沟通技巧：培训有效的沟通技巧，包括倾听、表达、反馈等
4	操作技能	（1）收银操作：熟悉收银系统的操作流程，包括点钞、扫描商品、找零等 （2）设备使用：学习常用设备（如液压车、货梯等）的使用方法和安全规范 （3）库存管理：了解库存管理的基本流程和注意事项
5	企业文化与团队建设	（1）企业文化：深入讲解商超的企业文化、价值观和行为规范 （2）团队建设：通过团队活动增强新员工之间的默契和合作精神 （3）职业发展规划：为新员工提供职业发展的指导和建议

3.培训方式

对新员工进行培训，可以采取图7-7所示的方式。

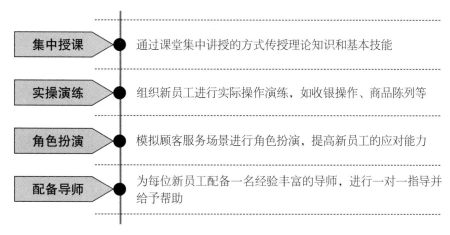

图7-7 新员工培训方式

4.培训时间安排

新员工培训通常应在新员工入职后的第一周内进行，以确保新员工能够尽快适应工作环境并投入工作。培训时间可根据实际情况灵活调整，但应确保培训内容的全面性和系统性。

5.培训效果评估

新员工培训效果评估可按图7-8所示的几个方面进行。

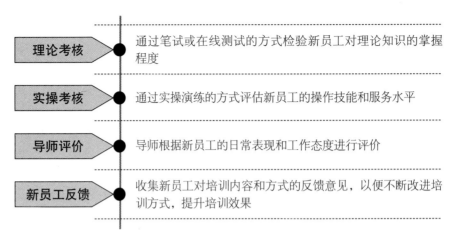

图7-8 新员工培训效果评估

6.培训后跟进

培训结束后，应持续跟进新员工的工作表现和发展情况，及时提供必要的支持和帮助。同时，可以定期组织新员工交流会或分享会，促进新员工之间的交流和合作。

二、在职员工培训

商超在职员工的培训是一个持续且全面的过程，旨在提升员工的专业技能、服务质量和综合素质，以适应不断变化的市场环境和消费者需求。

1.培训目的

商超在职员工培训的主要目的如图7-9所示。

提升专业技能	增强服务意识	提高综合素质
通过培训，员工能够掌握更先进的商品知识、销售技巧、顾客服务技巧等，从而提升工作效率和业绩	增强员工的服务意识，使其能够提供更贴心、更专业的服务，提升顾客满意度和忠诚度	通过跨领域培训、企业文化培训等方式，提高员工的综合素质和团队协作能力

图7-9 在职员工培训目的

2.培训内容

商超在职员工的培训内容通常包括表7-2所示的几个方面。

3.培训方式

商超在职员工的培训方式多种多样，以适应不同员工的需求和学习习惯，主要有图7-10所示的几种。

表7-2 在职员工培训内容

序号	培训内容	具体说明
1	商品知识培训	包括商品特性、使用方法、保质期管理、库存管理等方面的知识
2	销售技巧培训	如顾客心理分析、沟通技巧、销售话术等技巧
3	顾客服务培训	强调顾客至上的服务理念,培训员工如何更好地满足顾客需求,处理顾客投诉等
4	团队协作培训	通过团队建设活动、沟通技巧培训等方式,增强员工的团队协作能力和凝聚力
5	企业文化培训	使员工深入了解企业文化、价值观和发展战略,增强归属感和认同感

集中授课	现场演示	在线学习	师徒制
通过邀请专家、讲师进行集中授课,系统传授相关知识和技能	通过实际操作、现场模拟等方式,使员工更直观地掌握相关技能	利用在线学习平台,提供丰富的学习资源和灵活的学习时间,方便员工自主学习	通过老员工带新员工的方式,进行一对一或一对多的指导和培训

图7-10 在职员工培训方式

4.培训实施

为了确保培训效果,商超在职员工的培训实施需要注意图7-11所示的几个方面。

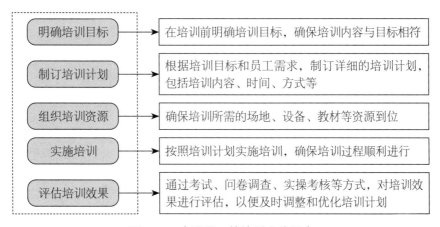

图7-11 在职员工的培训实施要点

三、培训后的转化

商超员工培训后的转化是指员工在接受培训后,将所学知识和技能应用到实际工作中,从而提升工作效率、提高服务质量和促进业绩增长的过程。

1. 转化的重要性

转化的重要性主要体现在图7-12所示的几个方面。

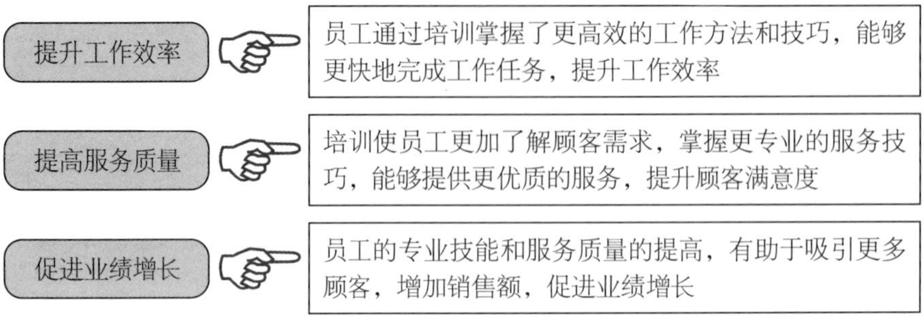

- 提升工作效率 → 员工通过培训掌握了更高效的工作方法和技巧,能够更快地完成工作任务,提升工作效率
- 提高服务质量 → 培训使员工更加了解顾客需求,掌握更专业的服务技巧,能够提供更优质的服务,提升顾客满意度
- 促进业绩增长 → 员工的专业技能和服务质量的提高,有助于吸引更多顾客,增加销售额,促进业绩增长

图7-12 转化的重要性

2. 转化的关键要素

转化的关键要素如表7-3所示。

表7-3 转化的关键要素

序号	关键要素	具体说明
1	培训内容的实用性	培训内容应紧密结合实际工作需求,确保员工在培训后能够将所学知识直接应用于工作中
2	培训方式的多样性	采用多种培训方式,如集中授课、现场演示、在线学习等,以满足不同员工的学习需求,提升培训效果
3	实践环节的培训	加强实践环节的培训,使员工通过实际操作巩固所学知识,提升实际操作能力
4	激励机制的完善	建立完善的激励机制,对培训后表现优异的员工给予奖励和表彰,激发员工的学习和工作积极性

3. 转化的具体表现

转化的具体表现如表7-4所示。

表7-4 转化的具体表现

序号	具体表现	具体说明
1	工作态度的转变	员工在培训后对工作有了更深刻的认识和理解,工作态度更加积极、认真,能够主动承担责任和解决问题
2	工作技能的提升	员工在培训后掌握了更多的工作技能和知识,能够更熟练地处理工作中遇到的问题和挑战
3	服务质量的改善	员工通过培训提升了服务意识和服务质量,能够更好地满足顾客需求,提升顾客满意度和忠诚度
4	团队协作的加强	员工通过培训加强了沟通和协作,提升了团队协作能力,有助于更好地完成工作任务

4.促进转化的措施

促进转化的措施如表7-5所示。

表7-5 促进转化的措施

序号	促进转化的措施	具体说明
1	制订转化计划	在培训结束后,制订详细的转化计划,明确员工需要掌握的技能和知识,以及具体的实施步骤和时间表
2	提供实践机会	为员工提供更多的实践机会,如模拟演练、岗位轮换等,使员工能够在实践中巩固所学知识并提升实际操作能力
3	定期跟踪评估	定期对员工的转化情况进行跟踪评估,了解员工在实际工作中的表现和进步情况,及时发现问题并采取措施加以解决
4	建立反馈机制	建立员工反馈机制,鼓励员工提出对培训内容和方式的意见和建议,以便不断改进和优化培训方案

> **小提示**
>
> 员工培训后的转化是一个复杂而重要的过程,商超管理者需要从多个方面入手,制订科学合理的转化计划并采取相应的措施加以实施和推广。通过促进员工培训的转化,可以提升员工的工作效率和提高服务质量,促进企业的业绩增长和可持续发展。

第三节 员工绩效与评估

绩效考核是对员工工作成绩的考核,是商超管理者的重要工作之一。一般来说,商超每月月底都会进行月度绩效考核,年底时又要进行年度绩效考核。有些商超还要进行季度绩效考核。每家企业情况不同,商超管理者要根据企业实际情况做出适当安排。

一、绩效考核的目的

商超的绩效考核工作非常重要。如同培训工作的成果需要考核一样,任何员工的工作成果都需要考核,没有考核就很难知道他们的工作效果,尤其是管理人员。商超管理者必须充分认识到图7-13所示的绩效考核的目的,并将考核成果运用到平时各项工作中。

1.提升组织绩效

通过绩效考核,可以明确员工的工作目标和期望成果,进而促进员工努力达成这些目标,从而提升整个商超组织的运营效率和业绩水平。

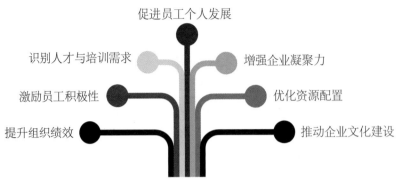

图7-13 绩效考核的目的

2.激励员工积极性

绩效考核结果通常与员工的薪酬、晋升、奖励等挂钩，这能够激励员工更加积极地投入工作，提高工作质量和效率，追求更好的个人绩效。

3.识别人才与培训需求

通过绩效考核，可以识别出表现优秀的员工和存在不足的员工，为商超企业的人才选拔和培养提供依据。同时，针对员工的不足之处，可以制订有针对性的培训计划，帮助员工提升能力和技能。

4.促进员工个人发展

绩效考核不仅关注员工的工作成果，还关注员工的工作行为、职业素养等方面。通过绩效考核的反馈，员工可以了解自己的优点和不足，明确个人发展方向，制订个人发展计划，促进个人成长和职业发展。

5.增强企业凝聚力

绩效考核过程中，通过设定共同的目标和期望，可以激发员工的归属感和责任感，增强企业的凝聚力和向心力。同时，绩效考核的公正性和透明度也有助于建立和谐的劳动关系，减少员工的不满和冲突。

6.优化资源配置

通过绩效考核，商超企业可以了解各部门、各岗位的工作量和贡献度，从而更加合理地配置人力资源和物力资源，提高资源利用效率。

7.推动企业文化建设

绩效考核是企业文化的重要组成部分，通过倡导和强化绩效考核的理念和方法，可以推动商超企业形成积极向上、追求卓越的企业文化。

二、制定绩效考核标准

制定绩效考核标准是一个系统而有序的过程，旨在确保考核的公平、公正和有效性。为了达到考核的目的，商超管理者需明确各项考核指标的具体标准和评分标准，确保考核过程有章可循，减少主观性。具体步骤如图7-14所示。

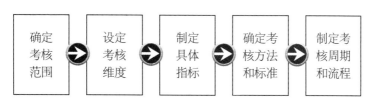

图7-14 制定绩效考核标准的步骤

1.确定考核范围

商超管理者应明确哪些员工需要参与绩效考核，需要参与绩效考核的员工包括门店员工、总部员工、管理层等。同时，还需确定考核的时间范围，如月度、季度或年度考核。

2.设定考核维度

商超员工绩效考核标准通常包括多个维度，如工作业绩、工作效率、工作质量、团队合作、创新能力等。具体维度可根据商超的实际情况和战略目标进行设定。

3.制定具体指标

在设定了考核维度后，商超管理者需要为每个维度制定具体的考核指标。商超常见的考核指标如表7-6所示。

表7-6 考核指标

序号	考核维度	考核指标
1	工作业绩	（1）销售额：实际完成销售额与计划完成销售额的比例 （2）毛利额：员工或团队创造的利润 （3）销售额增长率：与过去同期相比的销售额增长情况
2	工作效率	（1）任务完成时间：员工完成指定任务所需的时间 （2）库存周转率：评估库存商品的销售速度和库存管理水平
3	工作质量	（1）损耗率：商品在储存、销售过程中的损耗情况 （2）顾客满意度：通过顾客反馈或调查评估员工的服务质量
4	团队合作	（1）协作能力：员工在团队中的协作能力和合作精神 （2）沟通效果：员工与同事、上级和下属的沟通情况
5	创新能力	（1）创新提案数量：员工提出的创新建议或改进方案的数量 （2）创新实施效果：创新建议或改进方案的实际实施效果

4.确定考核方法和标准

商超管理者需要为每个考核指标确定具体的考核方法和标准。例如，对于销售额指标，可以设定具体的销售目标，并根据实际完成情况进行评分；对于团队合作维度下的考核指标，可以通过同事评价或上级评价来评估员工的协作能力和合作精神。

5.制定考核周期和流程

商超管理者需要制定考核的周期和流程，包括考核的时间安排、参与者、流程和步骤等。例如，可以设定月度、季度和年度考核周期，并明确每个周期的考核重点和流程。

> **小提示**
>
> 商超管理者在制定员工绩效考核标准时，应确保考核的公平性和透明度。这包括明确考核标准和流程、公开考核结果、接受员工反馈和申诉等。同时，商超管理者还应定期对考核标准和流程进行评估和调整，以确保其适应商超的发展变化和员工的需求。

三、绩效考核的实施阶段

绩效考核的实施阶段是确保绩效考核顺利进行并产生有效结果的关键环节。在绩效考核的实施阶段，商超管理者应该做好图7-15所示的几项工作。

图7-15　绩效考核实施阶段的工作要点

1.绩效考核宣传与培训

绩效考核宣传与培训的目的在于确保所有员工对绩效考核的目的、标准、流程和重要性有充分的认识和理解，减少误解和抵触情绪。

① 商超可以组织全体员工大会或部门会议，由商超管理者或人力资源部门负责人进行绩效考核的宣讲。

② 针对绩效考核的具体内容和操作方法，组织专项培训，确保每位员工都能掌握考核的要点和技巧。

③ 编制绩效考核手册或指南，发放给每位员工，供其随时查阅。

2.数据收集与整理

收集员工在绩效考核周期内的相关数据，这些数据应真实、准确、完整，数据来源如图7-16所示。

财务数据	业务数据	行为数据
如销售额、毛利率、库存周转率等，通常由财务部门提供	如客户满意度、投诉率、退货率等，由业务部门或客服部门收集	如出勤率、工作态度、团队合作等，可通过同事评价、上级评价或自我评价等方式获取

图7-16　数据来源

商超管理者应对收集到的数据进行分类、汇总和核对，然后根据考核标准，将各项数据转化为可比较的量化指标或定性评价。

3.考核实施

按照既定的考核标准和流程，对员工进行绩效考核。

（1）考核主体

明确由谁来进行考核，考核主体通常包括直接上级、同事、下级（如有）以及员工自己。

（2）考核方法

考核方法如图7-17所示。

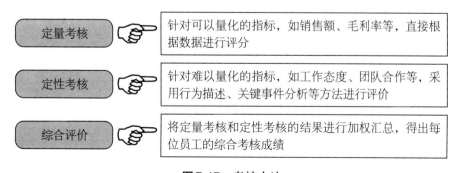

图7-17　考核方法

（3）考核流程

考核流程如图7-18所示。

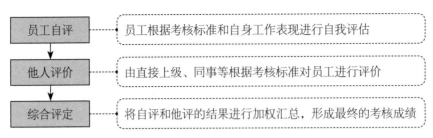

图7-18 考核流程

4.结果反馈与沟通

（1）结果反馈

商超管理者应将考核结果及时反馈给员工，让员工了解自己的考核成绩和存在的问题。反馈过程应坦诚、直接、具体。反馈方式有表7-7所示的两种。

表7-7 反馈方式

序号	方式	具体说明
1	面对面反馈	由直接上级或人力资源部门负责人与员工进行面对面的反馈沟通，详细解释考核结果和评分依据
2	书面反馈	向员工提供书面的考核报告，明确列出各项考核指标的得分情况和改进建议

（2）面谈沟通

商超管理者应与员工进行面谈沟通，就考核结果进行深入的讨论和交流。面谈的目的是帮助员工理解得出考核结果的原因，提出改进建议，并明确未来的发展方向。沟通内容通常包括表7-8所示的几个方面。

表7-8 面谈沟通内容

序号	内容	具体说明
1	优点与成绩	肯定员工在考核周期内的优点与成绩，增强员工的自信心和归属感
2	不足与问题	明确指出员工在考核中暴露出的不足与问题，并提出具体的改进建议
3	未来规划	与员工共同制定未来的工作目标和规划，明确努力方向和改进措施

（3）制订改进计划

针对员工存在的问题和不足，与员工共同制订改进计划。改进计划应具体、可行、有时间表。

5.异议处理

（1）建立申诉机制

允许员工对考核结果提出异议，并设立专门的申诉渠道和程序。

（2）及时处理

对员工的申诉进行认真调查和核实，确保申诉得到公正、合理的处理。

四、绩效考核结果的应用

绩效考核本身不是目的，而是一种手段，商超管理者应该重视考核结果的应用。绩效考核的结果可以应用于多个方面，既可以为人力资源管理提供决策信息，还可以为员工个人在绩效改进、职业生涯发展方面提供借鉴。具体如图7-19所示。

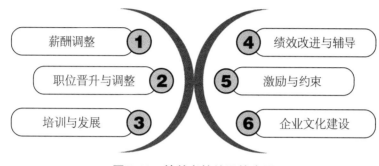

图7-19 绩效考核结果的应用

1. 薪酬调整

（1）直接挂钩

绩效考核结果往往与员工的薪酬调整直接挂钩。表现优秀的员工可以获得薪酬的提升或奖金的激励，以激励其继续保持良好的工作状态。

（2）差异化激励

通过薪酬调整，实现差异化激励，鼓励员工之间形成良性竞争，提升整体工作效能。

2. 职位晋升与调整

（1）晋升依据

绩效考核结果是员工晋升的重要依据。对于表现突出、具备领导潜质的员工，可以给予晋升机会，以激发其工作积极性和责任感。

（2）岗位调整

对于考核结果不佳的员工，可以根据实际情况进行岗位调整或培训后再上岗，以优化人力资源配置，提高员工与岗位的匹配度。

3. 培训与发展

（1）培训需求分析

通过分析绩效考核结果，可以识别出员工在知识、技能、态度等方面的不足和缺陷，为制订个性化的培训计划提供依据。

（2）职业发展规划

结合员工的职业兴趣和发展需求，以及商超的发展战略，为员工制定职业发展规划，帮助员工实现个人成长和职业发展。

4.绩效改进与辅导

（1）反馈与沟通

将考核结果及时反馈给员工，并与员工进行深入的沟通和交流，帮助其理解考核结果得出的原因和存在的问题。

（2）制订改进计划

与员工共同制订绩效改进计划，明确改进目标和具体措施，为员工提供必要的支持和资源，促进其绩效的持续提升。

5.激励与约束

（1）正向激励

通过表彰、奖励等方式，对表现优秀的员工进行正向激励，激发其工作热情和创造力。

（2）负向约束

对于表现不佳的员工，采取适当的约束措施，如警告、降薪、调岗等，以促使其改进工作表现。

6.企业文化建设

（1）强化价值观

通过对绩效考核结果的公示和反馈，强化企业的价值观和企业文化，引导员工树立正确的价值观，培养正确的工作态度。

（2）营造适度的竞争氛围

在公平公正的基础上，营造适度的竞争氛围，激发员工的积极性和创造力，推动企业的持续发展。

> **小提示**
>
> 通过科学合理的绩效考核体系和方法，以及公正公平的结果应用机制，可以激励员工积极投入工作、提升工作效能、促进个人成长和职业发展，从而推动商超的持续发展。

第四节　员工激励与留存

在现代企业管理中，企业人员素质的高低直接影响企业绩效的好坏，所以如何采取各种激励措施激发出员工最大潜力，是现代企业管理者比较关注的一个主要方面。有关研究表明，如果能充分调动员工的积极性，那么他们的潜力将发挥到80%～90%，其中50%～60%是激励的作用。因此，商超管理者要非常重视激发员工的工作热情与创造力，提升其工作满意度与忠诚度，从而实现人才的长期留存。

一、建立完善的工作体系

完善的工作体系应包括如下内容。

1. 实行工作轮换制度

进行工作轮换是工作设计的常见形式之一，工作轮换是商超管理者必须掌握的基本内容。工作轮换是指在不同的时间段，员工会在不同的岗位上工作，可将员工在收银、理货、促销等不同岗位之间进行轮换。通过轮换工作，员工不仅掌握了多种工作技能，还增强了团队合作意识，提高了工作效率和顾客满意度。同时，商超管理者可根据员工的工作轮换表现进行评估和反馈，对表现优秀的员工给予奖励和晋升机会，从而进一步激发员工的工作动力，提高其忠诚度。

2. 丰富工作内容

商超可以采取图7-20所示的措施来丰富员工的工作内容。

推行项目制工作	商超管理者可以设立一些跨部门、跨职能的项目，让员工参与到项目中来。通过项目制工作，员工可以接触到更多的业务领域和工作内容，增强团队协作能力和跨部门沟通能力。同时，项目制工作也能让员工在工作中获得更多的成就感和满足感
增加工作多样性	商超管理者可以在日常工作中引入多样化的工作任务，避免员工长期从事单一、重复性的工作。比如，可以设置不同的班次、不同的工作区域或不同的工作职责，让员工在工作中保持新鲜感和挑战性

图7-20

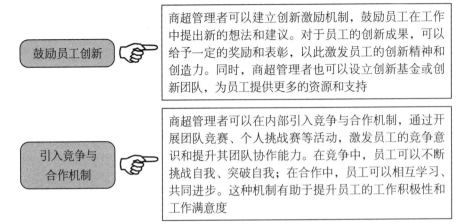

图7-20 丰富员工工作内容的措施

3.进行工作扩大化安排

工作扩大化是指工作的范围扩大,进行工作扩大化安排旨在向员工提供更多的工作,即让员工完成更多的工作量。

二、培育良好的工作氛围

良好的工作氛围比什么都重要,它可以让员工心情舒畅,感受到团队的温馨。员工心情愉快,工作干劲就会倍增,会主动、自觉而积极地完成各项工作任务,发挥出最大的工作效率,为企业、为社会创造更多的财富。因此,商超管理者要注重培育良好的工作氛围。

1.优化沟通环境

良好的沟通是开展工作的前提。优化沟通环境应做好图7-21所示的两点工作。

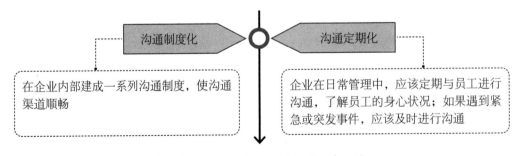

图7-21 优化沟通环境应做的两点工作

2.营造良好的学习环境

学习环境对个人的自我发展极为重要。如果商超内部的学习氛围和学习环境很差,将很难吸引人才的目光。因此,商超管理者要使员工长久地服务于企业,就必须不断地营造良好的学习环境。

学习型团队的构建是建设学习型企业的基本过程和基本方式,学习型团队也是学习型企业的基本构建单位。经过成员不断磨合、交流、接受、改变之后,团队能够形成一套大家都认同的、有约束力的规范。不管这种规范是成文的,还是潜藏于每个成员心中的,都能规范和约束成员的各种行为,推动成员产生对企业的认同感,并开始形成群体特有的文化。此时的团队如果再进一步发展,成员们就会开始注重彼此间的讨论和学习,互相协助,以完成共同的目标和任务。这种学习和协助能够大大提高团队工作的绩效。

3. 营造良好的员工参与氛围

要使员工对工作尽心尽力,并在此过程中保持积极性的最好办法之一,就是让员工参与进来,营造良好的员工参与氛围,主要方法如图7-22所示。

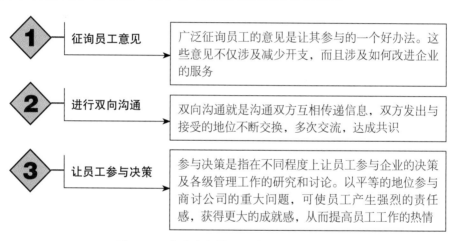

图7-22 营造良好的员工参与氛围的方法

> **小提示**
> 在征询员工的意见时,商超管理者必须注意征询意见贵在真诚,贵在尊重对方。

三、进行充分授权

所谓授权,是指将分内的若干工作交托员工执行。授权是一种可以令员工"边做边学"的在职训练,通过这种在职训练,可以提高员工的归属感与满足感。

1. 充分授权的作用

充分授权是一个赋予员工责任、权力的过程,具有图7-23所示的作用。

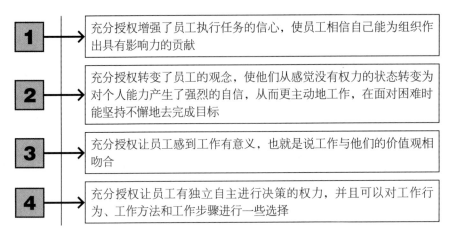

图7-23　充分授权的作用

2. 创造鼓励授权的环境

为鼓励授权，商超管理者必须创造一个环境，使处于其中的每个员工都会觉得他对自己职责范围以内的绩效标准和经营效果能真正产生影响。

由于只需很少的人来指导、监督和协调，授权环境降低了成本，又由于授权环境的创造从根本上激励了员工并产生了高绩效，也提高了员工的服务水平。

3. 采取有效的授权措施

商超管理者可以采取下列措施进行授权。

① 让员工参与决策，彰显其高水平完成任务的信心和卓越能力。

② 鼓励员工完善自己的工作。

③ 设置有意义和富有挑战的目标。

④ 称赞创造突出的绩效的员工。

⑤ 鼓励员工在工作中承担个人责任。

⑥ 给员工提供信息和其他资源，并给予社交上的、情感上的支持。

更具体的措施包括。

① 提高各层次员工的签字权。

② 减少规则和批准步骤。

③ 赋予员工非常规时期的工作权限。

④ 允许员工进行独立的判断。

⑤ 提高员工的灵活性和创造性。

⑥ 激励员工把工作更多地看成是项目而不是任务。

⑦ 在组织内部（或在组织外部）给员工提供更多的自由使用资源的机会。

四、设计合理薪酬

完善合理的薪酬福利体系可以提高企业的竞争力，保证企业人力资源管理的可持续建设，是企业未来发展的基础保障。因此企业必须在公平、公正的原则下建立健全薪酬福利管理制度，统一规划，合理布局，最终建立行之有效的激励机制，最大限度地激发员工的工作热情、提高员工忠诚度，使员工在提高自身能力的同时与企业互惠互利，保证企业的健康、稳定、可持续发展。商超管理者可通过图7-24所示的方法来设计合理的薪酬体系。

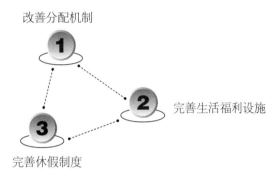

图7-24 合理薪酬体系的设计方法

1.改善分配机制

企业的分配机制是对员工实行激励的主要手段之一。几乎所有的员工都希望自己的付出和劳动能够得到公平、合理的回报，也只有在能够得到合理回报的基础上，员工才会积极、努力地工作，充分发挥自己的才能和潜力。

2.完善生活福利设施

商超管理者可以通过表7-9所示的措施来完善生活福利设施，提升员工的生活质量和工作满意度，从而激发员工的工作积极性和创造力，为企业的可持续发展奠定坚实的人才基础。

表7-9 完善生活福利设施的措施

序号	措施	具体说明
1	提供员工宿舍	为离家较远的员工提供安全、舒适的宿舍，确保宿舍内设施齐全，包括空调、热水器、网络等，满足员工的基本生活需求
2	设立休息区	在商超内部或附近区域设立员工休息区，配备舒适的座椅、茶水间和更衣室等设施，让员工在忙碌的工作之余能够得到充分的休息和放松
3	设立员工餐厅或提供餐饮补贴	设立员工餐厅或提供餐饮补贴，为员工提供营养均衡、价格合理的餐食，满足不同员工的饮食需求。同时，可以引入健康饮食理念，推广低脂、低糖、高纤维的健康食品

续表

序号	措施	具体说明
4	进行健康检查与咨询	定期为员工组织健康体检，及时发现健康问题并提供专业咨询和建议。同时，可以设立健康咨询室，邀请专业医生或营养师为员工提供健康指导和咨询服务
5	设立健身房或提供运动器材	鼓励员工参与体育锻炼，增强其体质和免疫力。同时，可以组织各类运动比赛和团建活动，增强员工之间的凝聚力和团队合作精神
6	设立图书室或阅读区	提供丰富的书籍和杂志，满足员工的阅读需求。这不仅可以丰富员工的业余生活，还有助于提升员工的知识水平和文化素养
7	进行节日问候	在重要节日或员工生日时，为员工送上节日问候或生日礼物，体现企业的关怀和温暖
8	提供紧急救助服务	为员工提供紧急救助服务和保险保障，如意外伤害保险、医疗保险等，确保员工在遭遇突发情况时能够得到及时的救助和补偿

3.完善休假制度

商超管理者可结合企业实际情况，从以下几个方面完善企业的休假制度。

（1）按国家规定安排休假

按国家规定安排休假通常有以下几种情况，如表7-10所示。

表7-10　按国家规定安排休假的情况

序号	休假类别	具体规定
1	公休假	公休假，是指国家法律明文规定的带薪休假制度。法律规定或者依法订立的协议规定每工作一定时间必须休息一段时间。由于我国规定职工每周工作时间不得超过40个小时，因此一般用人单位实行每周休息两日的制度
2	法定节假日	法定节假日，是指根据各国、各民族的风俗习惯或纪念要求，由国家法律统一规定的，用以进行庆祝及度假的休息时间
3	探亲假	探亲假，是指职工享有保留工作岗位和工资而同分居两地，又不能在公休日团聚的配偶或父母团聚的假期
4	婚假	婚假，是指劳动者本人结婚时依法享有的假期。休婚假几乎是每个劳动者都会遇到的情况，劳动者结婚时，用人单位应给予一定的假期，并如数支付工资
5	产假	产假，是指在职妇女产期前后的休假待遇，一般从分娩前半个月至产后两个半月，晚婚晚育者可前后延长至四个月，女职工生育享受不少于九十天的产假
6	年假	年假，指给职工一年一次的假期。机关、团体、企业、事业单位、民办非企业单位、有雇工的个体工商户等单位的职工，凡连续工作1年以上的，均可享受带薪年休假

续表

序号	休假类别	具体规定
7	工伤假	工伤假，是指职工发生工伤事故后，治疗和休养所需要的时间，在这段时间里工资照发。因此工伤假期就是指职工发生工伤，需要停工进行治疗并保留薪资的特定时段
8	病假	病假，是指劳动者本人因患病或非因工负伤，需要停止工作进行治疗时，企业应该根据劳动者本人实际参加工作的年限和在本单位工作的年限，给予一定的医疗假期。休病假期间，劳动者可照常拿工资，病假工资不低于当地最低工资的80%

> **小提示**
> 由于商超属于服务行业，一线员工可能无法正常在公休假日休息，因此，商超管理者要做好员工的排班工作，合理安排员工轮休，确保员工有足够的休息时间。

（2）安排带薪休假

在员工非工作的时间里，按工作时间发放薪酬的福利，称为带薪休假。商超管理者应依据《中华人民共和国劳动法》《职工带薪年休假条例》等法律法规，明确员工享有带薪休假的权利及具体休假天数。在遵守法律法规的基础上，商超管理者可结合企业实际情况，制定详细的带薪休假规定，包括休假条件、申请流程、审批权限、休假期间的工资发放标准等。对于特殊岗位或特殊情况的员工，商超管理者可灵活处理其休假天数，但不得违反国家法律法规和企业规定。在保障企业正常运营的前提下，应尽量满足员工的休假需求。对于因工作原因无法在本年度内休完带薪休假的员工，商超可允许其跨年度休假，但应确保在次年度内安排员工休完剩余的休假天数。

> **小提示**
> 企业安排员工带薪休假，允许员工生病时带薪休病假，可以帮助员工恢复和保持良好的精神和体力状态。这种提供休息时间的举措给员工精神和体力上带来的好处，不是靠发放工资的方式所能取代的。

（3）尊重员工休假权

员工有劳动的权利，同时也享有休息、休假的权利。休息休假权是指员工在法定的工作时间参与劳动之后，享有不劳动而自行支配时间的权利，以及用于休息或从事其他活动的权利。休息休假权也是员工合法权益的有机组成部分，有劳动权就必须有休息休假权，这是员工实现劳动权的必要保证。

（4）实行弹性休假

根据商超实际情况和员工需求，实行弹性休假制度，允许员工在一定范围内自主选择休假的时间和方式。

（5）增设特殊假期

如胖东来商贸集团所实施的"不开心假"，允许员工在情绪不佳时申请休假，以此赋予员工更大的心理舒适度和自我调节的空间。这种创新做法体现了商超对员工情感健康的高度关注。

五、完善晋升制度

晋升激励是企业领导将员工从低一级的职务提升到新的更高职务，同时赋予与新职务一致的责、权、利的过程。晋升激励是企业的一种重要的激励措施，企业职务晋升制度有两大功能，一是选拔优秀人才，二是激励现有员工的工作积极性。

1.掌握晋升原则

商超管理者在实行晋升激励时，要把握一定的原则，具体如表7-11所示。

表7-11 晋升原则

序号	原则	具体说明
1	德才兼备	德和才二者不可偏废。不能打着"用能人"的旗号，重用和晋升一些才高德寡的员工，不能因为是自己的亲属就重用，不是自己的亲属就排挤。这样做势必会在员工中造成不良影响，从而打击员工的积极性
2	机会均等	要使每个员工都有晋升的机会，即对管理人员要公开招聘、公平竞争、唯才是举、不唯学历、不唯资历，只有这样才能真正激发员工的上进心
3	阶梯晋升和破格提拔相结合	阶梯晋升是相对于大多数员工而言的。这种晋升的方法，可避免盲目性，准确度高，便于激励员工。但对非常之才、特殊之才应破格提拔，避免使杰出人才流失

2.熟悉晋升模式

常用晋升模式如表7-12所示。

表7-12 晋升模式

序号	模式	具体说明
1	按工作表现晋升	依据员工的工作表现是否符合既定标准来决定是否晋升。在这种情况下，能力即是判断员工的工作业绩能否达到预期的标准之一
2	按投入程度晋升	当一名员工能约法守时，遵守公司的一切规章和制度，能配合上级将工作进行得井井有条，表现出色，那么必定会受到上级的赏识
3	按年资晋升	在员工获得可晋升的资历后，再依据对其工作的考核来决定是否晋升。这种制度承认员工经验的价值，给予大家平等竞争的机会

3. 制订晋升计划

（1）挑选晋升对象

在挑选了极具潜能的特殊人才后，就要注重对这些人才的工作职责和发展轨迹进行调整，提前为其做好晋升的准备工作。

（2）制定个人发展规划

一旦人选确定，就要为其制定个人发展规划。因此，必须清楚地了解哪一种规划能够与这些特殊人才的愿望相符合，哪些措施对其最为有效，这些特殊人才的不足之处在哪里，还有哪些潜力可以挖掘。

（3）具体规划工作细则以及可能遇到的挑战因素

规划必须是长期的、有针对性的，这样员工才能为未来的工作提前做好准备。这些规划越具体，员工心中就越有底，对下一步工作就能准备得越充分。

（4）制订辅助计划

商超管理者需制订一个辅助计划，帮助员工尽快进入角色，圆满完成晋升。

第八章

全员防损与安全应急

第一节　实行全员防损

防损是商超利润的基本保证，保证损耗最小化是实现商超利润最大化的前提条件。因此，商超管理者应根据对各个部门的分析，找出损耗发生的原因，有针对性地采取措施、加强管理、堵塞漏洞，尽量使各类损耗减少到最小。

一、零售业损耗产生的原因

从零售业的几个大的管理及营运支持部门分析，零售业损耗产生的原因，主要体现在图8-1所示的几个层面上。

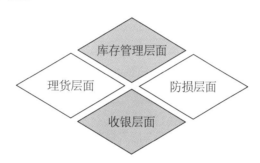

图8-1　零售业损耗产生的原因

1.库存管理层面

目前在零售业的经营过程当中，库存管理层面存在着诸多问题，导致的损耗具体如图8-2所示。

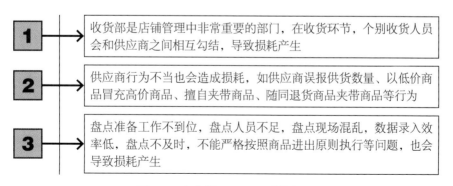

图8-2　库存管理层面导致的损耗

2.理货层面

零售业经营的商品种类繁多，理货员操作不当，也可能导致商品损坏造成损耗。

比如，商品条码价格标签放错、新旧价格标签同时存在或购买凭证（POP）与价格标签上的价格不一致等，这样一来，可能就会有顾客以低价买走高价商品，从而造成损耗。

另外，顾客从货架上取走商品，由于各种原因将取走商品变成"孤儿商品"，理货员却没有及时将商品放回原位，可能会导致商品过期造成损耗。

也有某些商超缺乏对理货员的防盗训练，在管理上未将理货员纳入防盗工作体系。因此，当发现店内发生偷窃、出现不诚实的顾客或察觉同伴正在偷窃时，理货员却不知道应采取什么手段阻止商品损耗。

3. 收银层面

由于收银主管对收银员的培训不到位，收银员在收银时可能出现少扫描商品等不当操作，导致商品损耗，或者忘记查看顾客拿在手中或放在购物车及购物篮里的商品，导致顾客有机会偷盗。有些收银员由于工作时间较长，知道如何制造长款并私吞长款，收银员还可能与顾客联合偷盗，具体表现如图8-3所示。

图8-3 收银员与顾客联合偷盗的表现

4. 防损层面

防损部是专门维护公司、门店商品安全和预防、调查、挽回损失的部门。防损层面产生的损耗原因如图8-4所示。

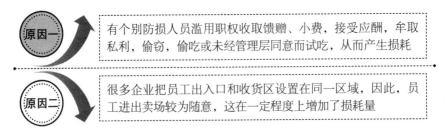

图8-4 防损层面产生的损耗原因

二、全员防损的概念

全员防损即公司所有员工均积极配合并遵守防损管理规定，积极参与防损监督和举报，及时为防损部提供损耗线索。员工将防损视为自己的本职工作，并确信每一分损耗都关系到自己的切身利益。

1. 全员防损的三个层次

全员防损可以划分为三个层次：一是意识，二是技能，三是行动。具体如图8-5所示。

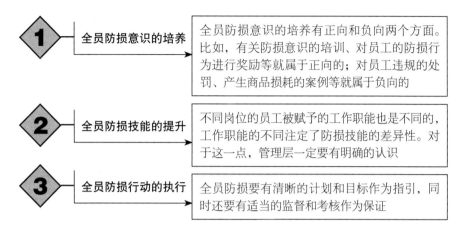

图8-5　全员防损的三个层次

2. 全员防损的两个含义

全员防损的两个含义分别是"防内"和"防外"。

（1）防内

全员防损的"防内"不是防范内盗，而是防自己，这里的"内"是针对员工自身来说的。具体包括图8-6所示的内容。

图8-6　防内的内容

（2）防外

全员防损的"防外"不是防外盗，这里的"外"是指与员工工作岗位及职能有关的造成损耗的所有因素，比如流程损耗等。

三、全员防损的措施

通过以上对零售业损耗产生原因的分析可以得知，零售业的损耗有很大一部分是由员工的主观因素引起的。全员防损是零售业防损的重要手段,要想真正做到降低损耗,必须让全体员工积极参与,齐心协力。

1. 库存管理的应对措施

首先,收货过程中必须有点货员、防损员、记货员三人在场。

其次,强化对收货人员和供应商的监管,具体措施如图8-7所示。

措施一	要对供应商进出收退货区域这一行为加以严格管理与控制,现场可派防损人员看管,发放、回收送货证
措施二	对于供应商投机倒把、以次充好、以少充多的行为,要做出相应惩罚,使其负相应责任

图8-7 对收货人员和供应商的监管措施

最后,对于全面盘点,由于需要人员较多,可以采用矩阵式盘点方法,从各个部门临时抽调人员,认真做好盘点准备工作,建立科学的实物盘点程序,详细列出盘点时间、划分区域,认真对参与盘点的人员进行培训。这样既可以快速精确盘点,又可以降低损耗。

2. 理货管理的应对措施

因为理货员是与顾客最直接接触的工作人员,所以,在管理上应将每个理货员纳入防损工作体系。具体措施如图8-8所示。

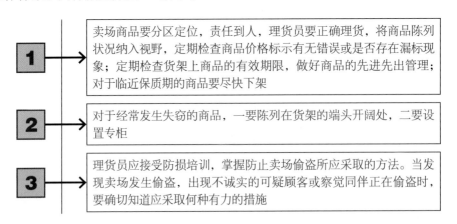

1	卖场商品要分区定位,责任到人,理货员要正确理货,将商品陈列状况纳入视野,定期检查商品价格标示有无错误或是否存在漏标现象;定期检查货架上商品的有效期限,做好商品的先进先出管理;对于临近保质期的商品要尽快下架
2	对于经常发生失窃的商品,一要陈列在货架的端头开阔处,二要设置专柜
3	理货员应接受防损培训,掌握防止卖场偷盗所应采取的方法。当发现卖场发生偷盗,出现不诚实的可疑顾客或察觉同伴正在偷盗时,要确切知道应采取何种有力的措施

图8-8 理货管理的应对措施

3. 收银管理的应对措施

收银管理过程中,首先,要注意对收银员自身的防损,收银主管应加强对收银员的作业纪律培训。其次，要注重对顾客的防损，收银员在收银过程中要保持警惕心态，时刻注意顾客拿在手中或放在购物车及购物篮里的商品，扫描盒装商品时，要开盒检查。如怀疑顾客有偷窃行为，要保持冷静礼貌，并通知有关人员。最后，要注重对收银员和顾客联合偷盗的防损，严格管理员工及收银员亲属购物行为。

4.防损部管理的应对措施

防损部应直接参与公司的经营运作，介入每个部门的工作。具体措施如图8-9所示。

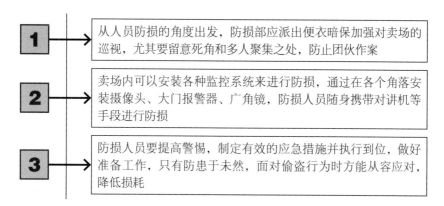

图8-9 防损部管理的应对措施

防损是一个系统工程，涉及制度建设、员工管理、业务流程设计等多方面因素。只有进行全员管理和全过程控制，并结合实际采用技术手段，才能达到良好的防损效果，商超管理者应结合门店实际情况选择适合自身的防损措施。

四、全员防损的要点

既然损耗发生在各个环节中，是由每个员工不经意的疏忽逐渐积累而成的，那么只有有效地避免这种发生在每一个员工身上的疏忽，才能够将损耗控制到最合适的范围，所以，只有全员防损才能够从根本上控制住损耗。以下是全员防损的几大要点。

1.加强全员的防盗意识

零售业门店进行防盗管理，首先要避开"防盗是专业部门或相关人员的事，与己无关"这一认识上的误区。上至经理、店长，下至普通员工，防盗人人有责，群防群治才能事半功倍。因此，门店要将"培训、通报、检查"六字方针贯穿到整个防盗过程中，所有在职员工（包括厂家信息员、促销员）都要参加防损部门的商品安全保卫知识培训，深刻认识商品被盗、丢失、损坏的危害性，熟悉并掌握盗窃者的偷盗心理与动机，摸清其活动的规律，明确各自的防盗重点部位，全面提升员工防范意识，具体内容如图8-10所示。

措施一：防损部门要将门店发生的偷盗事件适时地通报给全体员工，让大家都能随时了解门店防盗管理的动态，对有突出贡献者予以及时的奖励兑现

措施二：门店管理层要定期或不定期地对化妆品以及体积小、价值高的易丢商品进行检查，及时发现防盗漏洞，防患于未然，也可组织班组进行突击互检，这常常能对内盗起到威慑作用

图8-10　全面提升员工的防范意识的措施

2.防损工作要隐蔽

一般而言，大、中型门店都设有安保部门或防损部，其功能有内保与外保之分，外保一般都请专业的保安服务公司人员担当，内保则由便衣工作人员组成。卖场的问题是，一些门店的内保在防盗过程中保密性不强，存在距离嫌疑人太近、目光过于直接、隐蔽性较差等问题，因此要求内保人员在卖场内要注意图8-11所示的三点。

1　不要随意与工作人员打招呼（包括工作人员也不要随意与内保人员打招呼），以免惊动嫌疑人

2　要隐蔽张贴防盗扣、磁卡等

3　要熟练使用各种电子商品防盗系统

图8-11　内保人员在卖场内的注意事项

此外，安保人员应积极主动与当地公安机关密切配合，加大卖场的防损力度，并将思想过硬、精通业务、事业心强的高素质人员充实到防损第一线。

3.配置先进的防盗设备

当前市场上的防盗设备较多，选择适合本门店的防盗设备至关重要，较大的门店大都选择性能优良的电子商品防盗系统。当然，在选用设备前要对设备性能进行考察，反复比较、论证，从适应性、效果、质量、价格、售后服务等多方面权衡利弊，在此基础上做出选择。

4.制定全面的防范制度

防损工作是动态的，各个案例的差异性非常大，所以商超管理者要在常规制度的基础上，适时地有针对性地根据新情况及薄弱环节不断地进行完善，充分体现制度面前人人平等的原则，凡事做到有法可依、有法必依，从而使防盗管理逐步达到规范化。

5.合理运用自助行为手段

自助行为手段不得违反法律和公共道德，商超经营者虽然有权进行自助行为，但并不意味着可以滥用权力。合理的自助行为必须符合法律规定与公共道德。

在我国现行法律框架内，商家合理的自助行为仅限于暂时滞留盗窃嫌疑者，而无搜查、拘禁和罚款的权利。合理的自助行为发生后，必须提交警方处理，对于暂时滞留的盗窃嫌疑者切忌擅自处理，因为无论该人员是否有盗窃行为，擅自处理均构成侵权。商家由于自身过失，误认为消费者偷窃而采取了自助行为，必须承担法律责任。

尽管目前对规范商家防盗缺乏有效的法规，但是商家只要在法律与公共道德范围内合理行使自助行为，依然可以有效地保护自身权益，避免侵权行为的发生。

相关链接

××超市全员防损工作方案

根据公司对人均劳动效率的考核指标要求，现门店对各岗位人员都进行了不同程度的调整和缩减，为了在缩减的前提下，保证门店各大类损耗指标正常，使减少后的员工能充分地在岗位上发挥作用，对所有商品部员工布置以下学习内容。

一、安全陈列商品、重点商品的防盗方法

1.要将重的商品放在货架底下，上架时必须保持商品整齐堆放，不要在一个地方堆放过多的商品。

2.不要在一个地方堆放商品过高，商品要与灯管保持至少半米的距离。

3.卖场全部的陈列不应挡住收银员投向卖场顾客流动区域的视线。

4.不要将危险商品放在小孩子摸得着的地方。

5.上完货后摇动货架，观察商品是否安全摆放，然后再纠正摆放问题。

6.体积小、价值高且吸引人的商品，必须放在收银员看得到或偷窃者不便于隐藏的地方。

7.对于那些由于季节变化而易失窃的商品，应该将这些商品的摆放位置进行调整。这些商品通常应陈列在门店货架的端头附近，也可考虑放在收银台和入口位置。

8.建立责任制，对于陈列有重点商品的通道，安排好员工定时定岗进行监控。

二、日盘点工作流程

1.贵重易盗商品、门店盘点中丢失情况严重的商品以及防损部要求做日盘点的商品必须做好日盘点。

2.必须每天坚持做好日盘点工作，并且要及时核对电脑库存，发现有差异的情况应及时汇报部门领导或防损部，并对此商品加强防范。

3.多整理排面，发现排面异常空缺时应立即到电脑室核对此商品的电脑库存，并第一时间通知防损部。

4.安排专人对重点易盗商品进行日盘点，并核对电脑库存，如有商品的电脑库存与实盘库存不符，应将信息及时反馈给防损部并协查该商品丢失原因。

三、发现不良顾客及可疑情况的处理

1.做好主动服务工作，热情地为顾客服务，使顾客觉得有亲切感，最重要的是要对顾客友好，在顾客经过时说声"您好"，向顾客微笑或示意、点头，尽可能以此建立与顾客的联系。

2.工作中不断扫视货架排面，如果有顾客在一个地方长时间徘徊或短时间内多次出现，应上前询问其是否需要帮助。

3.注意那些手推车中放着敞口手提包的顾客，如果没有发现顾客偷盗，至少让部门的其他同事提高警惕，这类顾客可能会趁无人注意时将商品丢进手提包。

4.留心用购物袋选购商品的顾客，不论购物袋是本店还是外边的，应提醒顾客使用购物篮（也可主动给顾客递一个购物篮）。

5.注意那些在天气暖和时穿着厚衣服、夹克及奇装异服的顾客。

6.注意顾客携带的物品，尤其是这些物品显得反常时。

7.如果你发现有顾客将一件商品藏进手提包、口袋、包袋或衣服里面，不要让该顾客从你的视线中溜走。尽力记住其隐藏物品的种类，让另一个员工把你看到的情况告诉主管或防损员，继续观察这名顾客。

8.观察通道的整体情况时应站在货架的端头，可扫视排面的位置，在卖场内来回巡视。

9.注意那些手拿报纸、杂志的顾客，折叠商品、压缩商品体积的顾客，以及故意将商品弄旧、写上自己名字的顾客。

10.顾客在卖场损坏商品后，应督促其到收银台交款。如顾客不配合，应立即通知本部门主管或防损部门。

11.如发现顾客在卖场偷吃偷喝本公司的商品（一般是饮料），或者有明显的类似现象，应主动上前询问："请问你手上拿的商品是否买过单？"得到证实后应督促其到收银台交款。

12.在服务中发现有不良顾客或可疑顾客时，应及时通知其他员工对该顾客提高警惕，并密切关注该顾客的行踪或通知防损部门留意。

13.如近段时间通过日盘点发现某些商品有丢失现象，所有员工应提高警惕，密切关注拿走该商品的顾客（或可疑人物），树立全员防损意识。

14.加强对散落商品的拾零工作，将不属于本排面的商品及时放回原来的位置。

四、如何防范团伙偷盗

团伙偷盗是指两人或两人以上有组织、有预谋地对公司财产进行偷盗的行为。

根据公司防损部门长期以来对团伙偷盗的防范经验，作以下几点工作要求。

1.入口处的员工注意同时走进卖场，进入卖场后又分开的几名人员。

2.注意绕着一个商品看了几次但未直接拿走，最后又回到此商品的陈列位置处继续观察的人员。

3.注意选商品过程中注意力不在商品上而只顾着观看四周工作人员的人员。

4.注意以各种理由故意引开工作人员，干扰工作人员对商品看管的视线以及其他形迹极为可疑的人员。

5.注意一次性拿走排面商品较多且拿走的商品价值较高的人员。

6.发现形迹可疑人员时，各部门员工应该提高警惕，加强防范，同时在第一时间向防损部汇报。

7.防损部在人手紧缺情况下若无法将偷盗团伙抓获，则需以挽回商品损失为重。

五、设置激励奖项

1.防损人员在下班时间抓获外盗，奖励20%的防损绩效奖金（PCJ）金额。

2.员工抓获外盗或给防损部提供有效线索成功抓获外盗，奖励20%的PCJ金额。

3.员工抓获内盗或给防损部提供有效线索成功抓获内盗，奖励30%的PCJ金额，给予授权经办人（调查人）20%的PCJ金额。

4.凡是积极参与全员防损工作并表现优秀的，在门店以及全公司给予通报表扬。

六、执行定岗工作制度

1.上班期间各部门员工不得私自外出，确有特殊情况必须经部门领导或值班经理同意，在员工通道防损处进行外出登记，原岗位要安排人员顶岗。

2.各员工在工作过程中严格遵守工作岗位的规定，不得随意离开自己的工作岗位，更不得溜岗、串岗以及做与工作无关的事情。

3.吃饭时间必须分批就餐，就餐人员离岗时间不得超过30分钟，未就餐人员必须负责所管辖区域的巡视和重点商品的防盗工作。

4.值班经理和防损部每日要对人员的定岗定位情况进行检查，未按要求到位的要落实责任人并进行相应处罚。

七、关于非正常商品日清及孤儿商品拾零的规定

1.卖场任何区域（包括仓库）发现空包装或破损的商品后需交由收货防损员进行日清汇总工作，否则会被防损部查处，当即由商品部相应区域责任人自行买单处理（如有违反原则的问题，将按制度严肃处理）。

2.卖场各区域孤儿商品的拾零归位工作由相应区域员工完成。尤其注意生鲜商品，任何员工在任何区域发现应当立即归位，养成良好的工作习惯。防损部、值班店长将不定期对各区域进行检查，如仍频繁发生未拾零孤儿商品的问题，由此产生的损耗将由相应区域员工负责承担。

第二节 商品损耗控制

商超在日常运营过程中除了要增效（提升销售），还要降本（控制成本）。因此，门店商品损耗控制也成为运营工作重要的组成部分。

一、商品损耗类别

商超商品损耗主要分为以下几类。

1. 自然损耗

（1）自然变质

商品在储存过程中，由于自身特性（如易氧化、易挥发等）或环境因素（如温度、湿度变化等）导致自然变质。

比如，部分食品因储存时间过长而变质，或药品因保存不当而失效。

（2）过期损耗

商品超过保质期而未能及时销售出去造成损耗。

比如牛奶、面包等生鲜食品及部分日用品因过期而需要处理。

2. 人为损耗

人为损耗的种类如图8-12所示。

包括员工内盗和顾客外盗。员工可能利用职务之便盗窃商品，而顾客可能通过夹带、调换价格标签等方式进行盗窃

员工在商品搬运、陈列、销售等过程中因操作不当导致的商品损耗。比如，商品在搬运过程中因碰撞而损坏，或在陈列时因摆放不稳而掉落

包括库存管理不善、订货量不合理、商品维护不到位等。比如，库存积压导致商品过期，或订货量过多/过少导致资金占用或销售机会损失，商品未得到妥善维护而损坏

商品定价错误导致销售损失或库存积压。比如，定价过高导致商品滞销，或定价过低导致利润损失

图8-12 人为损耗的种类

3.技术损耗

技术损耗的产生原因如图8-13所示。

系统故障	商超的收银系统、库存管理系统等出现故障导致的数据错误或丢失。比如，收银系统出现故障导致交易记录不准确，或库存管理系统出现故障导致库存数据与实际不符
数据分析系统不足	如果数据分析系统不够先进或完善，可能无法准确预测销售趋势和顾客需求，导致订货过量或不足，造成库存积压或销售机会损失
冷藏、冷冻设备出现故障或维护不当	生鲜商品需要依赖冷藏、冷冻设备保持新鲜。若这些设备出现故障或维护不当，可能导致商品变质，增加损耗
货架、陈列设备损坏或设计不合理	货架、陈列设备若损坏或设计不合理，可能导致商品在陈列过程中掉落、损坏或难以取放，增加损耗
电子标签使用不当	在使用电子标签管理商品时，若标签粘贴不当、损坏或脱落，可能导致商品无法被准确识别和管理，增加损耗
信息系统存在安全漏洞	如果信息系统存在安全漏洞，可能导致顾客信息、库存数据等敏感信息被泄露或篡改，进而影响商超的运营和损耗控制

图8-13 技术损耗的产生原因

4.其他损耗

（1）退换货损耗

顾客退换货导致的商品损耗。

比如，顾客因商品质量问题或个人原因要求退换货，导致商品无法再次销售。

（2）配送损耗

在商品配送过程中因运输、装卸等环节导致的损耗。

比如，商品在运输过程中因碰撞、挤压而损坏，或在装卸时因操作不当而掉落。

二、自然损耗的控制措施

商超自然损耗的控制需要从图8-14所示的多个方面入手，通过实施这些措施，商超可以有效地降低自然损耗率，提高经营效益。

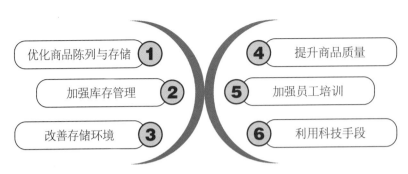

图8-14 自然损耗的控制措施

1. 优化商品陈列与存储

商超可采用表8-1所示的优化商品陈列与存储的措施来控制自然损耗。

表8-1 优化商品陈列与存储的措施

序号	措施	具体说明
1	合理布局	根据商品特性和销售情况,合理布局货架和仓库,确保商品易于取放且减少商品碰撞损坏的风险
2	分类存储	将不同类别的商品分开存储,特别是易碎、易变形或需要特殊温度控制的商品,以减少相互间的影响和损耗

2. 加强库存管理

商超可采用图8-15所示的加强库存管理措施来控制自然损耗。

先进先出原则
遵循先进先出的原则,确保商品在保质期内得到优先销售,减少过期损耗

定期盘点
建立定期盘点制度,对库存商品进行清查和核对,及时发现并处理过期、损坏或丢失的商品

合理订货
根据历史销售数据和市场需求预测,合理制订订货计划,避免库存积压或过度订货导致的损耗

图8-15 加强库存管理的措施

3. 改善存储环境

商超可采用图8-16所示的改善存储环境的措施来控制自然损耗。

温湿度控制
对于需要特定温湿度条件的商品(如生鲜等),应加强对温湿度的监控和调节,确保商品在适宜的环境中存储

防虫防鼠
加强仓库和卖场的清洁工作,定期进行防虫防鼠处理,减少因鼠虫咬噬导致的商品损耗

图8-16 改善存储环境的措施

4. 提升商品质量

商超可采用图8-17所示的提升商品质量的措施来控制自然损耗。

图8-17 提升商品质量的措施

5. 加强员工培训

商超可采用表8-2所示的加强员工培训的措施来控制自然损耗。

表8-2 加强员工培训的措施

序号	措施	具体说明
1	增强防损意识	定期对员工进行防损意识培训，提高员工对商品损耗的认识和重视程度
2	提高操作技能	加强对员工商品陈列、搬运、存储等操作技能的培训，减少因操作不当导致的商品损耗

6. 利用科技手段

商超可以利用图8-18所示的科技手段来控制自然损耗。

安装智能监控系统

在仓库和卖场安装智能监控系统，实时监测商品的存储状态和环境条件，及时发现并处理异常情况

利用大数据分析工具

利用大数据分析工具对销售数据进行深度挖掘和分析，预测销售趋势和市场需求变化，为合理订货和库存管理提供科学依据

图8-18 控制自然损耗的科技手段

三、人为损耗的控制措施

对于人为损耗，其控制措施主要包括以下几个方面。

1. 员工管理

在员工管理方面，可采取表8-3所示的措施来控制人为损耗。

表8-3 员工管理措施

序号	管理措施	具体说明
1	严格筛选与培训	(1)在招聘员工时,进行严格的背景调查和筛选,确保员工具备良好的职业道德和诚信品质 (2)定期对员工进行诚信教育和职业道德培训,提高员工的法律意识和防损意识
2	监控与监督	(1)安装监控摄像头,对超市的敏感区域(如收银台、仓库、员工通道等)进行实时监控,减少员工盗窃的机会 (2)设立内部举报机制,鼓励员工之间相互监督,及时举报不诚信行为
3	购物限制	实施员工购物政策,限制员工在工作时间购物,或规定员工购物需通过特定通道并接受检查

2.顾客管理

在顾客管理方面,可采取表8-4所示的措施来控制人为损耗。

表8-4 顾客管理措施

序号	管理措施	具体说明
1	安全防盗	(1)在显眼位置张贴防盗提示和法律规定,提醒顾客遵守法律规定和购物秩序 (2)安装防盗门,粘贴商品电子标签,利用技术手段防止顾客盗窃
2	巡逻与监控	(1)安排便衣保安或防损员进行巡逻,特别是对摆放单价高、体积小的商品的区域加强监控 (2)对结账区域进行重点监控,防止顾客在结账时顺手牵羊或故意不付款

3.供应商管理

在供应商管理方面,可采取表8-5所示的措施来控制人为损耗。

表8-5 供应商管理措施

序号	管理措施	具体说明
1	筛选与评估	(1)严格筛选供应商,进行资质审核和信誉评估,选择信誉良好的供应商合作 (2)签订详细的供货合同,明确商品质量、数量和价格等条款,减少被供应商欺诈的风险
2	规范验货流程	(1)设立并规范验货流程,对进货商品进行质量检查和数量核对,确保商品符合合同要求 (2)挑出不良商品并退回供应商,避免将次等货当作好货收入商超

4.收银管理

在收银管理方面，可采取图8-19所示的措施来控制人为损耗。

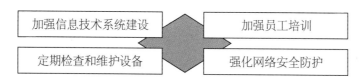

图8-19 收银管理措施

四、技术损耗的控制措施

技术损耗的控制措施如图8-20所示。

图8-20 技术损耗的控制措施

1.加强信息技术系统建设

（1）投入资金升级和维护收银系统

收银系统是商超运营的核心部分之一，其稳定性和准确性直接影响到顾客的购物体验和商超的财务健康。为了降低技术损耗，商超应定期评估收银系统的性能，并根据业务增长和技术发展的需求进行必要的升级。这包括更新硬件设备（如扫描枪、触摸屏、打印机等）以提高处理速度和稳定性，以及升级软件版本以支持新的支付方式和优惠活动。同时，商超应建立专业的信息技术（IT）团队或外包给专业的服务提供商，对收银系统进行定期维护和优化，确保其稳定运行并准确记录每一笔交易的数据。

（2）投入资金升级和维护库存管理系统

库存管理系统是商超管理商品进货、销售及库存的关键工具。为了准确掌握库存情况，减少因库存数据不准确导致的订货过量或不足等问题，商超应投入资金升级库存管理系统。这包括引入更先进的条形码或RFID技术来自动追踪商品流动，实现库存的实时更新和精准管理。同时，对库存管理系统进行定期维护和优化，确保其数据的准确性和及时性，为商超的采购、销售和库存管理决策提供有力支持。

2.定期检查和维护设备

（1）冷藏、冷冻设备

生鲜商品是商超的重要销售品类之一，而冷藏、冷冻设备是保障生鲜商品新鲜度和品质的关键。商超应建立定期检查和维护冷藏、冷冻设备的制度,包括清洁冷凝器、检查制冷剂是否泄漏、调整温度控制器等。这些工作不仅有助于延长设备的使用寿命,还能确保设备在最佳状态下运行,减少因设备故障导致的商品损耗。

(2)货架、陈列设备

货架和陈列设备是商超展示商品的重要工具。商超应定期检查货架和陈列设备的稳固性和完整性,及时发现并修复损坏的部件。此外,商超还应根据商品的销售情况和顾客需求调整货架布局和商品陈列方式,提高商品的可见性和易取性,减少因顾客取放不当导致的商品损耗。

3. 加强员工培训

(1)信息技术系统操作培训

针对操作信息技术系统的员工(如收银员、库存管理员等),商超应组织专业的培训课程,教授他们如何正确使用和维护系统。培训内容应包括系统的基本操作、常见故障处理、数据安全与保护等方面。通过培训,提高员工的操作技能和防损意识,减少因人为操作失误导致的系统故障和数据错误。

(2)智能化设备操作培训

随着智能化设备的普及和应用,越来越多的商超开始引入自动补货系统、智能分拣系统等智能化设备来提高运营效率。为了确保这些设备能够正常运行并发挥最大作用,商超应对操作智能化设备的员工进行专业培训。培训内容应包括设备的基本操作、性能特点、维护保养等方面。通过培训,提高员工的操作技能和安全意识,减少因设备操作不当导致的商品损耗和安全事故。

4. 强化网络安全防护

(1)设置防火墙和加密通信

为了防止黑客攻击和数据泄露等网络安全问题,商超应加强信息系统的安全防护措施。首先,在信息系统与外部网络之间设置防火墙以阻止非法访问和恶意攻击;其次,采用加密通信技术保护数据传输过程中的安全性;最后,定期对信息系统进行安全漏洞扫描和风险评估,以发现并修复潜在的安全隐患。

(2)加强数据备份和恢复能力

为了防止数据丢失和损坏对商超运营造成严重影响,商超应建立完善的数据备份和恢复机制,定期对关键数据进行备份,并将数据存储在安全可靠的地方(如云存储、外部硬盘等);同时制订详细的数据恢复计划和应急预案以应对突发情况。通过这些措施,确保商超在遭遇网络攻击或系统发生故障时能够迅速恢复数据并恢复正常运营。

第三节　卖场安全管理

商超的卖场是相对固定的，而安全服务是动态的，是一个非常重要的方面。商超目标市场的覆盖面广泛，前来购物的顾客人数众多，营业时间长，因此商超管理者应格外重视卖场的安全管理问题。

一、购物环境安全管理

购物环境安全与否对人员安全管理有极大的影响。如果管理得很好，员工和顾客的安全就有了一个良好的保证。

1.溢出物管理

溢出物一般是指地面上的液体物质，如污水、饮料、黏稠液体等。无论在卖场的任何地方发现溢出物，都必须立即清除。

卖场销售区域的溢出物处理程序如图8-21所示。

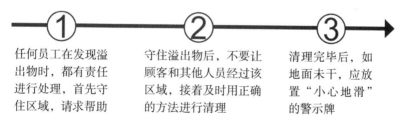

图8-21　溢出物处理程序

> **小提示**
>
> 如溢出物属于危险化学品或专业用剂，必须用正确的方式予以清除，必要时寻求专业人员的帮助。对溢出物正确处理，是为了防止出现滑倒事故以及由此引发的人身伤害。

2.垃圾管理

垃圾是指地面上的废弃物。卖场的垃圾主要指纸皮、废纸、塑料袋等。垃圾管理要求如图8-22所示。

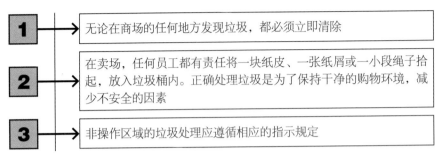

图8-22 卖场垃圾管理要求

3.障碍物管理

障碍物指与购物无关、阻碍购物或存放不当的物品,如消防通道的梯子、销售区域的叉车,甚至散落在通道上的卡板、商品等,都是障碍物。

障碍物的正确处理是为了消除各种危险、不安全的因素,将物品摆放在合适的区域而不脱离员工的管控范围。

二、消防安全管理

消防安全管理是商超卖场运营中不可忽视的重要环节,它直接关系到顾客与员工的人身安全以及财产保护。为了构建一个安全、可靠的购物环境,商超必须严格遵循消防安全规范,从多个方面加强消防安全管理。

1.消防设施与器材管理

消防设施与器材管理的要求如图8-23所示。

商超卖场内必须按照相关消防法律法规和标准,设置完善的消防设施。这包括但不限于消防栓、灭火器、自动喷水灭火系统等。这些设施是应对初期火灾、控制火势蔓延的关键工具,必须确保其数量充足、布局合理、易于取用

消防器材是消防安全的第一道防线,其完好性和有效性至关重要。商超应确保所有消防器材都放置在明显且易于取用的位置,如出入口、走廊、货架间等。同时,应建立定期检查和维护制度,对消防器材进行外观检查、性能测试等,确保其随时处于可用状态。对于损坏或失效的器材,应及时更换或修复

对于设有自动消防设施(如自动喷水灭火系统、火灾自动报警系统等)的卖场,应与管理维护保养机构签订正式合同,明确双方责任和义务。同时,商超应每月开展自动消防设施的维护保养工作,包括设备检查、功能测试、清洁保养等,确保其正常运行,能够有效应对火灾

图8-23 消防设施与器材管理的要求

2.疏散通道与安全出口管理

疏散通道与安全出口管理的要点如图8-24所示。

要点一 通道与出口设置

商超卖场内应设置足够的疏散通道和安全出口,以确保在紧急情况下,顾客和员工能够迅速、有序地撤离。疏散通道应保持畅通无阻,不得堆放杂物或设置障碍物。安全出口数量一般不应少于2个,且需分散设置,以便在火灾等紧急情况下提供多条逃生路线

要点二 防火分区与安全出口

商超卖场应根据建筑规模和使用性质进行防火分区划分,每个防火分区必须有一个直通室外的安全出口。这样可以在火灾发生时有效阻止火势蔓延至其他区域,并为人员疏散提供安全保障

要点三 疏散标识与安全疏散图

为了方便顾客和员工在紧急情况下快速疏散,商超应在安全出口指定位置安装完整有效的疏散标识和安全疏散图。这些标识和图纸应清晰明了地指示疏散方向和逃生路线,帮助人员迅速找到最近的安全出口并撤离现场

图8-24 疏散通道与安全出口管理的要点

3.应急演练与培训

商超应急演练与培训分为图8-25所示的两个途径。

消防应急演练

定期进行消防应急演练是提高员工应对火灾等突发事件能力的有效手段。通过模拟火灾场景进行实战演练,可以检验消防设施的可靠性、锻炼员工的应急反应能力、优化疏散路线和方案。商超应制订详细的演练计划并严格执行,确保每位员工都能参与消防应急演练并熟练掌握相关技能

员工消防安全培训

加强员工消防安全培训是提升商超整体消防安全水平的重要途径。培训内容应包括消防法规知识、消防设施和器材的使用方法、疏散路线和逃生技巧等。通过培训,确保每位员工都能充分认识到消防安全的重要性并积极参与到消防安全管理工作中来。同时还应建立培训考核机制对培训效果进行评估和反馈,以便不断改进和完善培训工作

图8-25 商超应急演练与培训途径

三、用电安全管理

在商超等商业场所中,用电安全管理是保障日常运营和员工、顾客安全的重要环节。有效的电气设备管理、规范的照明与开关操作,以及严格的电源关闭检查制度,共同构

成了用电安全管理的基础。

1. 电气设备管理

（1）定期维护与检查

电气设备在运行过程中，由于零部件磨损、设备老化、环境变化等因素影响，可能会出现性能下降、安全隐患等问题。因此，商超应建立定期维护和检查制度，对电气设备进行全面细致的检查和维护。这包括但不限于电机、变压器、配电箱、电缆线路等关键设备，要确保其处于良好的工作状态，及时发现并消除潜在的安全隐患。

（2）禁止私拉乱接与违规使用

为了保障用电安全，商超应严禁任何形式的私拉乱接临时线路的行为。这不仅会破坏原有的电气布局，增加短路、火灾等风险，还可能影响其他设备的正常运行。同时，商超还应严禁使用"三无"（无生产厂名、无生产厂址、无生产卫生许可证编码）电器产品，这些产品往往质量低劣，存在严重的安全隐患。此外，商超还应严禁违规使用大功率用电器和超负荷用电，以防止电气设备过热、产生损坏甚至引发火灾。

2. 照明与开关管理

（1）统一管理与专人负责

商超内的照明系统、电梯等关键设备应实行统一管理，确保所有开关的操作都符合安全规范。每日的照明开关、电梯等设备的开启和关闭应由专人负责，避免非专业人员因误操作而导致安全事故。同时，负责人应熟悉设备的操作规程和紧急处理方法，以便在发生异常情况时能够迅速采取有效措施。

（2）营业及工作结束后的电源关闭检查

营业及工作结束后，商超应进行全面的电源关闭检查。这包括关闭所有不必要的照明设备以及空调、电脑等电气设备，确保各种电器不带电过夜。这不仅可以节约能源、降低运营成本，更重要的是，可以消除夜间无人值守时可能发生的电气火灾等安全隐患。在检查过程中，应特别注意那些容易被忽视或遗忘的角落和设备，确保万无一失。同时，商超还应建立相应的检查记录和责任人制度，以便对检查情况进行追溯和考核。

四、商品与货架安全管理

在商超卖场中，商品与货架的安全管理直接关系到顾客的购物体验和员工的工作环境安全。

1. 商品存放

（1）间隔与防火要求

为了确保商品安全存放并消除火灾隐患，商品与照明灯、整流器、射灯等电气设备之间必须保持一定的间隔。根据消防规定，这种垂直距离不应少于50厘米。这一要求旨在减少因电气设备过热或短路引发的火灾风险，确保商品不会成为火势蔓延的媒介。

（2）易燃品的特殊管理

对于易燃品如高度白酒、果酒、发胶等商品，商超卖场需要采取更加严格的管理措施。具体如图8-26所示。

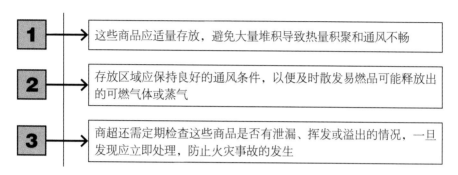

图8-26　易燃品的管理措施

（3）储存环境与条件

除了上述间隔与防火要求外，商超卖场还需关注商品储存的整体环境与条件。例如，商品应存放在干燥、阴凉、通风良好的地方，避免阳光直射和高温潮湿环境对商品造成损害。对于有特殊储存要求的商品（如需要冷藏或冷冻的食品），商超应提供相应的储存设施并严格控制温度条件。

2.货架安全

商超可以采取图8-27所示的措施来确保货架安全。

货架作为商品展示和储存的重要设施，其稳固性直接关系到顾客和员工的安全。商超卖场应确保所有货架都经过严格的质量检验和安装调试，确保其能够承受商品的重量和顾客的取放操作。在使用过程中，商超应定期对货架进行检查和维护，及时发现并修复松动、变形或损坏的部位，防止货架倒塌伤人

为了保持货架摆放商品的稳固性和美观性，商超卖场应对商品的摆放提出明确要求。商品摆放应整齐有序，避免堆放过高或超出货架承重范围。同时，应注意将重量较大的商品放置在货架的底部或采用加固措施以增强货架承重能力。此外，对于易碎、易滑或尖锐的商品应采取防护措施（如使用防护垫、包裹物等），以防止其在运输或取放过程中造成损伤或出现伤人事故

图8-27

| 顾客与员工行为引导 | 除了货架本身的安全管理外，商超卖场还应通过设置标识、提示等方式引导顾客和员工正确使用货架。例如，在货架旁边设置明显的安全提示牌或警示语，提醒顾客不要攀爬货架或过度挤压商品；同时加强对员工的培训和教育，增强他们的安全意识和操作技能，以减少因操作不当导致的安全事故。 |

图8-27　确保货架安全的措施

五、顾客与员工安全管理

在商超卖场中，确保顾客与员工的安全是管理工作的重中之重。这不仅关系到顾客与员工的生命健康，也直接影响到卖场的正常运营和品牌形象。

1.顾客行为管理

（1）安全提示与警示标识

顾客作为卖场的主要服务对象，其行为举止对卖场的安全环境有着重要影响。为了更有效地引导顾客注意安全，卖场内应设置明显的安全提示和警示标识。这些标识应清晰易懂，内容涵盖常见的安全隐患和注意事项，如"禁止吸烟""小心台阶""注意防滑"等。通过视觉上的提醒，增强顾客的安全意识，减少因疏忽大意而引发的事故。

（2）顾客教育与引导

除了设置标识外，卖场还可以通过广播、制作并发放宣传册、现场讲解等方式对顾客进行安全教育和引导，以便提升顾客的安全素养和自我保护能力。

比如，在高峰期或节假日等客流密集时段，通过广播提醒顾客注意个人财物安全、遵守购物秩序等；在特殊商品区域（如食品区、家电区）制作并发放宣传册或设置展板，介绍商品的安全使用方法和注意事项。

2.员工安全培训

（1）定期安全培训

员工是卖场安全管理的直接执行者，其安全意识和技能水平直接影响到卖场的安全状况。因此，商超卖场应定期对员工进行安全培训，内容涵盖消防安全、应急处理、商品安全、设备操作等多个方面。通过培训提高员工的安全意识和自我保护能力，推动员工在工作中及时发现并消除安全隐患。

（2）安全操作规程

为了确保员工在工作中遵守安全规定，商超卖场应制定详细的安全操作规程并严格执行。这些规程应明确员工在各个环节中的安全职责和操作要求，如商品搬运、设备使用、清洁消毒等。同时，卖场还应建立监督机制，对员工的安全操作情况进行定期检查和评估，确保规程得到有效执行。

第四节　突发事件应对与处理

商超除正常的运营作业之外，突发事件时有发生，其危害之大是不可估量的。为减少和降低财产损失和人员伤亡，迅速、有效地处理紧急事件，进行抢救作业，商超管理者需做好突发事件的应对与处理工作。

一、突发事件的类型

突发事件，是指突然发生，造成或者可能造成严重社会危害，需要采取应急处置措施予以应对的自然灾害、事故灾难、公共卫生事件和社会安全事件。商超突发事件的类型，一般有表8-6所示的几种。

表8-6　突发事件的类型

序号	事件类型	具体说明
1	安全类突发事件	（1）火灾：由于电路短路、燃气泄漏、人为纵火等引发的火灾 （2）停电：电力供应中断，影响商超正常运营 （3）抢劫、偷盗：顾客或员工财物被盗，甚至遭遇抢劫 （4）暴力冲突：顾客之间或顾客与员工之间的斗殴事件
2	顾客服务类突发事件	（1）顾客投诉：顾客对商品质量、服务态度、价格等方面的投诉 （2）顾客受伤：因地面湿滑、商品摆放不当等导致顾客受伤 （3）顾客抢购：节假日或促销活动期间，顾客大量抢购商品导致现场失控
3	商品管理类突发事件	（1）商品丢失：商品被盗或误放导致丢失 （2）商品损坏：因搬运、陈列不当等导致商品损坏 （3）价格错误：商品标价错误，引发顾客不满
4	设施设备类突发事件	（1）电梯故障：电梯突然停用或出现故障，影响顾客通行 （2）空调故障：空调系统出现故障，影响购物环境 （3）卷闸门异常：卷闸门突然自动下降，导致顾客恐慌
5	自然灾害类突发事件	（1）台风：台风带来的强风、暴雨和风暴潮可能对商超的建筑结构、库存商品和员工、顾客安全造成严重影响 （2）暴雨：暴雨可能导致洪水、积水和排水不畅，影响商超的正常运营和顾客员工安全 （3）地震：地震可能破坏商超的建筑结构，导致商品掉落、货架倒塌等，严重威胁人员安全 （4）高温干旱：长时间的高温干旱可能导致商品变质、损耗增加，同时也会影响员工的工作状态和顾客的购物体验 （5）冰雹、暴雪：冰雹、暴雪等极端天气条件可能导致商超屋顶损坏、停电和交通不便，影响商超的运营和顾客出行

二、安全类突发事件的应对

安全类突发事件的应对措施如图8-28所示。

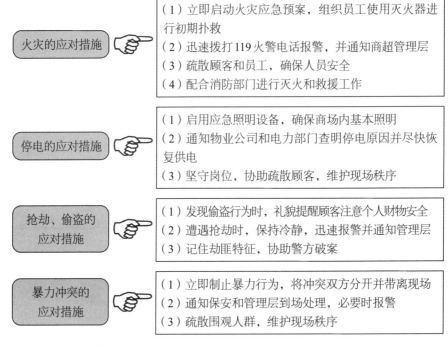

图8-28　安全类突发事件的应对措施

三、顾客服务类突发事件的应对

顾客服务类突发事件的应对措施如图8-29所示。

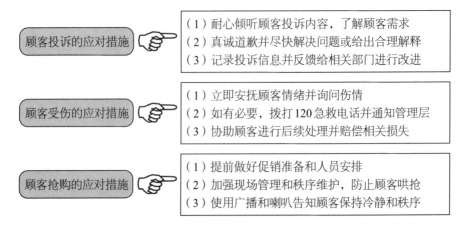

图8-29　顾客服务类突发事件的应对措施

四、商品管理类突发事件的应对

商品管理类突发事件的应对措施如图8-30所示。

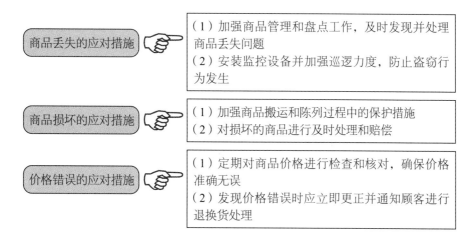

图8-30　商品管理类突发事件的应对措施

五、设施设备类突发事件的应对

设施设备类突发事件的应对措施如图8-31所示。

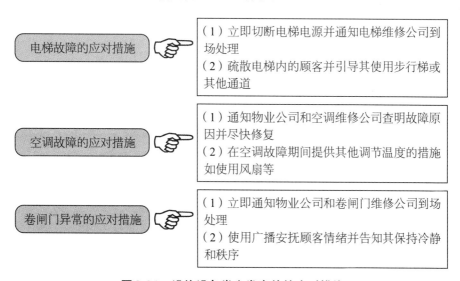

图8-31　设施设备类突发事件的应对措施

六、自然灾害类突发事件的应对

自然灾害类突发事件的应对措施如表8-7所示。

表8-7 自然灾害类突发事件的应对措施

序号	应对措施	措施说明
1	建立应急预案	针对不同类型的自然灾害,商超应制定详细的应急预案,明确应急组织体系、应急响应流程和应急保障措施。应定期对预案进行演练和评估,确保员工在灾害发生时能够迅速、有效地应对
2	加强风险评估	对商超所在地区的自然灾害风险进行全面评估,识别潜在的风险点和脆弱环节。根据评估结果,采取相应的预防措施,如加固建筑结构、改进排水系统等
3	提高员工应急能力	加强员工的安全教育和培训,提高员工的应急能力和自救互救能力。定期组织员工进行应急演练,确保员工熟悉应急预案和应急流程
4	确保应急物资储备	储备必要的应急物资,如沙袋、抽水机、发电机、应急照明设备等,以应对突发灾害。确保物资的充足性和可用性,定期检查和维护应急物资
5	加强与外部机构的合作	与当地气象部门、消防部门、医疗机构等建立合作关系,及时获取灾害预警信息和救援支持。在灾害发生时,积极配合外部机构进行救援和恢复工作
6	顾客和员工的疏散与安置	在灾害发生时,立即启动疏散预案,引导顾客和员工有序撤离到安全地带。对于无法及时撤离的人员,应采取必要的安置和救助措施
7	灾后恢复与重建	在灾害过后,及时对商超进行损失评估,制订恢复和重建计划,协调各方资源,加快恢复商超的正常运营和秩序

第九章
数字化与智能化转型

第一节 数字化在商场超市管理中的应用

数字化在商超管理中的应用是推动商超管理数字化转型和提高运营效率的重要手段，通过数字技术和数据分析，商超可以实现更加准确和高效的库存管理和采购计划，提供更加个性化和便捷的顾客体验，从而提升顾客的忠诚度和购物满意度。具体来说，数字化在商超管理中的应用主要体现在以下几个方面。

一、供应链管理优化

通过引入互联网、大数据、人工智能等前沿技术，商超可以构建更加智能、高效的数字化供应链。数字化应用在商超管理中的供应链管理优化方面发挥了重要作用，具体如图9-1所示。

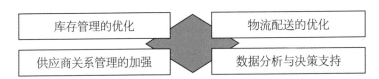

图9-1 数字化应用在供应链管理优化中的作用

1.库存管理的优化

（1）实时库存监控

通过物联网（IoT）、RFID等技术，商超可以实现对库存的实时监控。这些技术能够精确追踪商品的库存状态，包括数量、位置、保质期等关键信息，减少因人为因素导致的库存误差。

（2）智能预测与补货

利用大数据分析和机器学习算法，商超可以根据历史销售数据、市场趋势和促销活动等因素，预测未来商品的需求，并自动触发补货流程。这有助于减少库存积压或缺货现象，提高库存周转率。

（3）优化库存策略

通过数字化手段，商超可以更加精准地制定优化库存策略，如采用经济订货量（EOQ）模型等，以降低库存成本并提高库存周转率。

2.供应商关系管理的加强

（1）供应商绩效评估

商超可以建立数字化的供应商绩效评估体系，从产品质量、价格、交货期、售后服务等多个维度对供应商进行综合评估。这有助于商超筛选出优质的供应商，与其建立长期稳定的合作关系。

（2）信息共享与协同

通过数字化平台，商超与供应商之间可以实现订单、库存、生产计划等信息的实时共享。这有助于增强供应链的透明度，提高协同效率，减少因信息不对称导致的资源浪费和成本增加。

3.物流配送的优化

（1）运输路线优化

利用智能算法和全球定位系统（GPS）技术，商超可以对运输路线进行优化，减少运输时间和成本。同时，通过实时监控运输车辆的状态和位置，商超可以及时调整运输计划，应对突发情况。

（2）智能仓储管理

数字化手段使得智能仓储成为可能。商超可以引入自动化仓储设备和技术（如自动分拣系统、智能仓储机器人等），提高仓储作业效率和准确性。同时，通过智能仓储管理系统，商超可以实现对库存的精细化管理和高效调度。

4.数据分析与决策支持

（1）数据整合与分析

通过数字化手段，商超可以实现对供应链各环节数据的整合与分析。这有助于商超深入了解供应链的运作情况，发现潜在的问题和机会，为决策提供有力支持。

（2）智能决策支持

借助人工智能和机器学习技术，商超可以构建智能决策支持系统。该系统能够自动分析海量数据，为商超提供精准的预测和决策建议，帮助商超在激烈的市场竞争中保持领先地位。

二、门店智能化运营

在未来的商超管理中，门店智能化运营是零售业发展的重要趋势，通过集成先进的信息技术、人工智能、物联网和大数据分析等手段，商超可以实现更加高效、精准和智能的运营管理模式。数字化在门店智能化运营中的应用具体如图9-2所示。

图9-2 数字化在门店智能化运营中的应用

1. 提高运营效率

（1）智能排班与任务分配

利用智能化管理系统，根据员工能力和门店需求进行排班和任务分配，提高员工工作效率和满意度。

（2）跨部门协同

通过智能化管理系统打破部门间的信息壁垒，实现信息的快速流通和共享，提高协同办公效率。

（3）引入自动化设备和系统

引入自动化设备和系统，如自动结账机、自助收银台、智能仓储系统等，减少人工操作，提高运营效率。这些系统能够快速地完成商品扫描、支付处理、库存管理等任务，降低人力成本和时间成本。

（4）实现智能化管理

利用物联网技术、人工智能算法等手段，实现门店的智能化管理。这些智能化管理措施能够提高门店的运营效率和管理水平。

比如，通过智能监控系统对门店内的人流、物流进行实时监控和调度，通过智能温控系统对门店内的温度、湿度等环境参数进行自动调节，通过智能排班系统对员工的工作时间和任务进行合理分配，等等。

2. 提供决策支持

利用大数据分析工具对门店运营过程中的各类数据进行收集、分析和挖掘，为管理层提供科学的决策支持。其表现如图9-3所示。

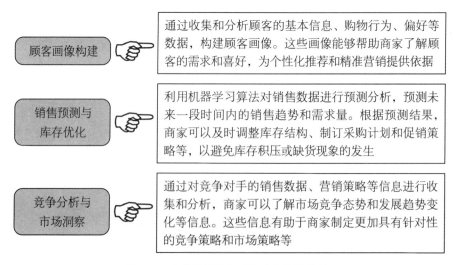

图9-3　大数据分析工具对决策的支持

3.提升安全保障

（1）智能安防系统

通过智能安防系统对门店进行全方位监控，预防盗窃、破坏等安全事件的发生。利用人脸识别、行为识别等技术提高安防系统的准确性和实时性。

（2）紧急响应机制

建立智能化的紧急响应机制，一旦发生安全事件能够迅速启动应急预案进行处理，保障顾客和员工的安全。

三、线上线下融合发展

数字化在商超线上线下融合发展中具有诸多优势，能够突破时空限制、提升顾客体验、优化运营管理、创新服务模式以及提升品牌形象和竞争力。随着技术的不断进步和应用场景的不断拓展，数字化将在商超管理中发挥越来越重要的作用。

1.线上商城的搭建与融合

商超可通过搭建线上商城，实现与线下门店的互补。顾客可以在线上浏览商品、下单购买，并享受线下门店的配送服务。这种模式既满足了顾客便捷购物的需求，也扩大了商超的销售渠道。具体实施关键如图9-4所示。

平台建设	无缝对接	数据共享
商超企业通过建立线上商城（如官方网站、APP、小程序等），实现商品信息的在线展示、浏览和购买。这打破了传统商超的物理空间限制，使消费者能够随时随地购物	线上商城与线下门店实现无缝对接，消费者可以在线上选购商品后选择到店自提或配送到家。这种灵活的购物方式提升了消费者的购物体验	线上商城与线下门店共享商品信息、库存数据、销售数据等，实现资源的优化配置和协同管理

图9-4 线上商城搭建与融合的具体实施关键

2.线上线下融合营销

线上线下融合营销的方式如图9-5所示。

| 线上线下联动 | 商超企业通过线上线下联动的营销方式吸引消费者。比如，在线上商城举办促销活动并引导消费者到线下门店体验；在线下门店设置二维码，引导消费者关注线上商城并参与线上活动 |

图9-5

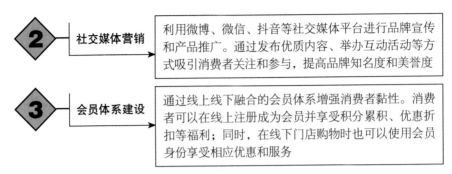

图9-5 线上线下融合营销的方式

四、顾客体验提升

在日常运营中,商超应从顾客体验和需求出发,通过数字化技术的应用提升顾客购物体验,从而增加顾客的消费黏性、提高复购率。具体措施如图9-6所示。

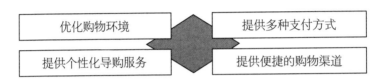

图9-6 用数字化技术提升顾客购物体验的措施

1.优化购物环境

通过智能照明和温控系统,商超可以根据顾客流量和天气情况自动调节室内光线和温度,为顾客营造更加舒适、节能的购物环境。这不仅提升了顾客的购物体验,还体现了商超对环保和可持续发展的重视。

2.提供个性化导购服务

商超可以通过图9-7所示的方式提供个性化导购服务。

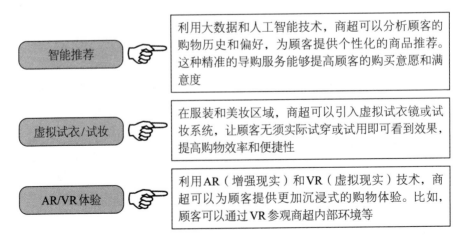

通过收集和分析顾客的购物行为数据（如购买历史、浏览记录、搜索关键词等），商超可以深入了解顾客的购物偏好、需求特点和消费能力等信息。然后利用先进的智能推荐算法对收集的顾客数据进行深度挖掘和分析，发现顾客潜在的购物需求和兴趣点。基于这些分析结果，商超可以向顾客推荐符合其个性化需求的商品和购物方案

图9-7 提供个性化导购服务的方式

比如，百丽时尚通过内容数字化、服务数字化、组织数字化三大方向，为消费者提供良好的消费体验，同时提高经营管理效率。一方面，百丽时尚通过打造内容互动生态（如自行研发的内容营销小程序），集中对优质素材进行创作管理，使导购可以及时、有效地分享顾客可能感兴趣的内容，有效提高与消费者的沟通频次、沟通质量及信任度；另一方面，百丽时尚基于对客户的了解，通过以小程序为代表的数字化载体，按照标准化方式进行数据沉淀，将优秀的服务能力复制给庞大的导购群体，实现服务过程数字化。以百丽时尚旗下品牌暇步士（Hush Puppies）为例，店铺负责人可以利用小程序商城深入洞察客户需求，根据客户喜好在企业微信中做好标签管理，以便为客户制定更精准的个性化服务。

3.提供多种支付方式

引入移动支付和自助结账系统，减少顾客排队等待时间，提高支付效率。同时，这些系统还可以提供电子发票和购物清单，方便顾客查看和管理购物记录。

4.提供便捷的购物渠道

商超可以开发或优化移动应用、在线购物平台等数字化渠道，为顾客提供更加便捷、高效的购物体验。

比如，顾客可以通过手机APP在线下单、预约送货等，减少等待时间和购物成本。

五、数字化管理工具应用

数字化管理工具在商超管理中的应用非常广泛且深入，商超管理者可以采用表9-1所示的数字化管理工具和技术来优化运营，这些工具和技术不仅提升了商超的运营效率和竞争力，还为顾客带来了更加便捷、个性化的购物体验。随着技术的不断进步和应用的不断深化，商超的数字化转型将会取得更加显著的成效。

表9-1 数字化管理工具和技术应用

序号	管理工具和技术	具体应用
1	数字化中台系统	数字化中台系统可为商超提供商品、会员、营销、履约、数据等全渠道的数字化解决方案。这些方案能够帮助商超实现降本增效、提升销售额的目标
2	ERP（企业资源计划）系统	ERP系统集成了商超的各项业务流程，包括采购、库存、销售、财务等，实现了数据的集中管理和实时共享。通过ERP系统，商超可以更加高效地管理各项资源，提升整体运营效率
3	CRM（客户关系管理）系统	CRM系统专注于管理商超与顾客之间的关系。通过收集和分析顾客数据，CRM系统可以帮助商超深入了解顾客需求，提供个性化的服务和营销方案。同时，CRM系统还能帮助商超维护与顾客之间的关系，提升顾客忠诚度和复购率
4	BI（商业智能）工具	BI工具利用大数据和数据分析技术，对商超的各项业务数据进行深度挖掘和分析，为决策提供有力的数据支持。通过BI工具，商超可以更加直观地了解业务运营状况，发现潜在的问题和机会
5	移动管理工具	随着移动设备的普及，商超可以引入移动管理工具来提升管理效率。例如，通过移动APP或微信小程序等工具，员工可以随时随地查看库存情况、处理订单、进行巡检等工作，提高了工作效率和响应速度
6	AI（人工智能）辅助决策系统	利用人工智能技术，商超可以构建AI辅助决策系统。该系统可以基于大量的历史数据和实时数据，自动进行数据分析、预测和决策支持。例如，AI辅助决策系统可以预测销售趋势、优化库存管理、制定营销策略等，为商超的经营管理提供智能化的支持
7	智能监控与安防系统	商超可以引入智能监控与安防系统来保障门店的安全和秩序。这些系统利用高清摄像头和人脸识别、行为识别等技术，对门店进行实时监控和预警。同时，智能监控与安防系统还能与报警系统联动，及时发现并处理异常情况
8	数字化培训与教育平台	为了提升员工的专业技能和服务水平，商超可以搭建数字化培训与教育平台。通过在线课程、模拟演练、案例分析等方式，员工可以随时随地进行学习和培训。这不仅提高了员工的综合素质，也提升了商超的整体服务水平
9	智能货架系统	智能货架系统不仅可以实时监测库存情况，还能通过传感器感知顾客行为，如商品拿取次数、顾客停留时间等，为精准营销提供数据支持。同时，智能货架系统还能与顾客互动，提供商品信息和促销信息

第二节 智能收银系统的应用

智能收银系统的应用不仅提升了收银效率和顾客体验,还为商超提供了更精细化的运营管理工具。随着技术的不断进步和市场的不断发展,商超智能收银系统将在未来发挥更加重要的作用。

一、引入智能收银系统的优势

具体来说,引入智能收银系统的优势如图9-8所示。

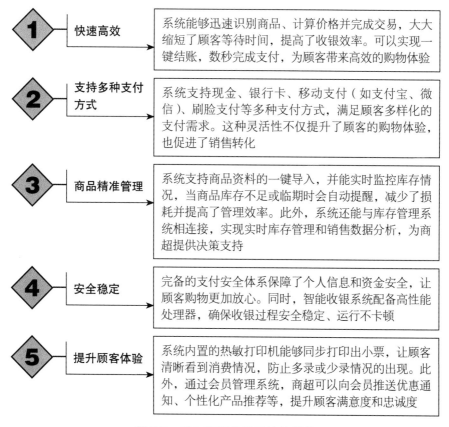

图9-8 引入智能收银系统的优势

二、选择智能收银系统需考虑的要素

商超管理者在选择智能收银系统时,需要考虑图9-9所示的多个要素,以确保所选系统能够满足业务需求、提升工作效率并保障数据安全。通过全面评估和比较不同收银系统的优势和劣势,选择最适合自己的智能收银系统。

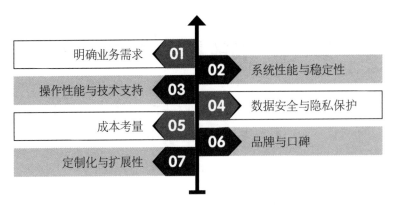

图9-9 选择智能收银系统需考虑的要素

1. 明确业务需求

（1）收银功能方面

要确保系统支持商品扫描、价格计算、快速结账等基本收银功能。同时，要考虑系统是否需要支持多种支付方式（如现金、银行卡、移动支付、刷脸支付等）。

（2）管理功能方面

要考虑是否需要商品管理、库存管理、会员管理、促销活动支持等功能；是否需要报表分析功能，以便进行销售统计、顾客行为分析等。

2. 系统性能与稳定性

（1）硬件配置方面

检查收银机的处理器、内存、存储空间等硬件配置，确保能够满足日常运营需求。考虑收银机的耐用性和防护等级，以应对商超的复杂环境。

（2）软件稳定性方面

选择具有稳定性能的软件系统，避免频繁出现崩溃或死机等问题。了解软件系统的更新频率和升级支持情况，确保系统能够持续稳定运行。

3. 操作性能与技术支持

（1）操作性能方面

选择界面友好、操作简单的收银系统，以减少员工培训成本。考虑收银系统的学习曲线和上手难度，确保员工能够快速掌握使用方法。

（2）技术支持方面

选择提供完善技术支持和售后服务的供应商，以便在使用过程中遇到问题时能够及时解决。

4.数据安全与隐私保护

（1）数据加密方面

确保收银系统具备数据加密功能，保护顾客信息和交易数据的安全。了解系统的权限管理机制，确保数据访问的安全性。

（2）合规性方面

确保收银系统符合相关法律法规和行业标准的要求，如支付安全、个人信息保护等。

5.成本考量

（1）购买成本方面

综合考虑收银系统的价格、硬件配置和软件功能等因素，选择性价比高的产品。

（2）运营成本方面

考虑收银系统的维护成本、升级成本以及可能产生的额外服务费用（如上门安装费、培训费等）。

6.品牌与口碑

（1）品牌实力方面

选择具有行业知名度和良好口碑的品牌，以确保产品质量和售后服务的可靠性。

（2）用户评价方面

参考其他商超用户的评价和反馈，了解不同收银系统的优缺点和适用场景。

7.定制化与扩展性

（1）定制化需求方面

考虑商超的特殊需求，如制作定制化报表、开展促销活动等，选择能够灵活定制的收银系统。

（2）扩展性方面

考虑未来业务扩展和发展需求，选择具有良好扩展性的收银系统，以支持商超的业务增长。

第三节　大数据与顾客行为分析

大数据与顾客行为分析是现代商超运营中不可或缺的重要组成部分。通过对商超各项大数据的收集、整理和分析，商超管理者可以更深入地了解消费者的行为习惯、商品销售情况，进而制定更具针对性的营销策略和经营决策。

一、商场超市大数据的定义

商超大数据是指商超在运营过程中产生和收集的各类数据,包括但不限于销售数据、顾客数据、库存数据、客流数据等。这些数据具有数据量大、类型多样、处理速度快和价值密度低等特点。通过对这些数据的收集、整理和分析,商超可以深入了解市场趋势、顾客需求和商品销售情况,从而制定更加精准的营销策略和经营决策。

二、商场超市大数据与"购物的科学"

1."购物的科学"的定义与重要性

"购物的科学"是指通过研究和分析顾客的购物行为、心理及需求,将科学的方法和原则应用于商超的运营和管理中,以提升顾客的购物体验和商超的销售业绩。它的重要性如图9-10所示。

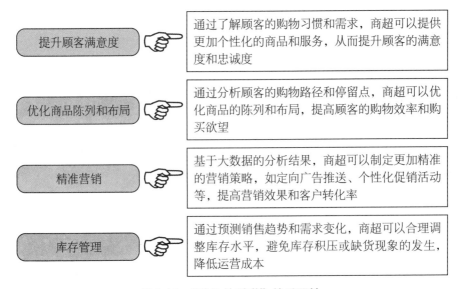

图9-10 "购物的科学"的重要性

2.商超大数据在"购物的科学"中的应用

商超大数据在"购物的科学"中的应用主要体现在表9-2所示的几个方面。

表9-2 商超大数据在"购物的科学"中的应用

序号	应用范围	具体说明
1	顾客行为分析	具体内容见本节"三、顾客行为分析的内容"
2	商品关联分析	通过分析购物篮数据等销售数据,发现不同商品之间的销售关联关系,如顾客在购买A商品的同时也经常购买B商品。商超可以利用这一信息将相关商品陈列在一起或进行联合促销,提高销售转化率

续表

序号	应用范围	具体说明
3	市场趋势预测	通过对历史销售数据、市场调研数据等进行分析，商超可以预测市场趋势和需求变化，提前调整商品结构和营销策略以应对市场变化
4	动态定价策略	利用大数据分析工具实时监测市场价格和竞争态势等因素的变化情况，并根据这些因素的变化实时调整商品价格策略，以实现利润最大化或扩大市场份额
5	库存管理优化	通过分析销售数据和库存数据等信息，预测未来一段时间内的商品需求量，并制订相应的采购计划和库存管理策略，以确保商品供应的稳定性和合理性

三、顾客行为分析的内容

顾客行为分析是一个多维度、多层次的过程，需要综合运用多种方法和工具来收集和分析数据，具体内容如图9-11所示。通过深入分析顾客行为，商超可以更加精准地把握顾客需求和市场趋势，制定更加有效的营销策略和服务方案，从而提升销售业绩和顾客满意度。

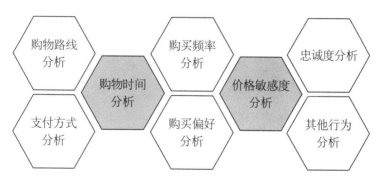

图9-11 顾客行为分析的内容

1.购物路线分析

购物路线分析是指研究顾客在商超内的行走路径和停留点，了解顾客如何浏览商品、选择商品并最终完成购买。通过购物路线分析，可以优化商品陈列布局和导购设施，提高顾客的购物效率和满意度。可利用监控摄像头、顾客追踪系统等工具收集数据，结合商超的平面布局图进行分析。

2.支付方式分析

支付方式分析是指研究顾客在商超购物时使用的支付方式和支付习惯，其目的是了解顾客的支付偏好，提供多样化的支付选择和便利的支付流程，提高顾客的支付体验和满意度。可通过收银系统收集支付数据，分析顾客的支付方式和支付习惯。

3.购物时间分析

购物时间分析是指研究顾客在商超内的购物时间分布，包括购物高峰期和低谷期，其目的是优化商超的营业时间和人员配置，提高服务效率和顾客满意度。可利用收银系统、顾客追踪系统等工具收集数据，分析顾客的购物时间分布。

4.购买频率分析

购买频率分析是指研究顾客在一定时间内购买商超产品的次数，其目的是了解顾客的购买习惯和忠诚度，制定相应的营销策略。可通过会员系统、收银系统等工具收集数据，分析顾客的购买频率。

5.购买偏好分析

购买偏好分析是指研究顾客对不同类型商品的偏好，其目的是了解顾客对商品的喜好和需求，优化商品选择和陈列。可通过销售数据、顾客调查等方式收集信息，分析顾客的购买偏好。

6.价格敏感度分析

价格敏感度分析是指研究顾客对商品价格的敏感程度，其目的是了解顾客的消费心理和承受能力，制定合理的定价策略。可通过价格测试、顾客调查等方式收集信息，分析顾客对价格变动的反应。

7.忠诚度分析

忠诚度分析是指研究顾客对特定商超的忠诚度，其目的是提高顾客的满意度和复购率，制订长期营销计划。可利用会员系统、顾客调查等工具和方式收集数据，分析顾客的忠诚度指标（如客户保留率、净推荐值等）。

8.其他行为分析

（1）退货与换货行为

分析顾客的退货与换货行为，了解顾客对产品质量的满意度和售后服务的需求。

（2）促销响应

分析顾客对促销活动的响应情况，评估促销策略的有效性。

（3）社交媒体互动

分析顾客在社交媒体上的互动行为，了解顾客对品牌的认知和态度。

四、顾客行为分析结果的应用

顾客行为分析结果主要应用于图9-12所示的几个方面,这是商超运营中至关重要的一环,它直接关系到顾客满意度、销售业绩以及市场竞争力。

图9-12 顾客行为分析结果的应用

1.优化商品布局与陈列

根据顾客行为分析结果,优化商品布局与陈列有表9-3所示的几种方式。

表9-3 优化商品布局与陈列的方式

序号	方式	方式说明
1	关联性陈列	根据顾客购物路径和购买习惯,将关联性强的商品放在一起,如将洗发水与护发素、奶粉与尿不湿等相邻陈列,方便顾客一站式购买,提高购物效率和满意度
2	热点区域打造	根据顾客停留时间、浏览频次等数据,识别出店内的高热点区域,并在这些区域展示热销商品、新品或高利润商品,吸引顾客注意力并促进销售
3	个性化陈列	针对不同顾客群体的需求和偏好,进行个性化陈列。例如,针对年轻顾客群体,可以设计更加时尚、潮流化的陈列方式;针对家庭顾客群体,更注重商品的实用性和性价比,可以设计更加简洁的陈列方式

2.制定精准营销策略

根据顾客行为分析结果,可制定图9-13所示的精准营销策略。

3.提升顾客购物体验

根据顾客行为分析结果,商超可采取图9-14所示的措施来提升顾客购物体验。

定向促销	基于顾客购买历史和偏好数据，向顾客推送个性化的促销信息，如优惠券、折扣码等，提高促销活动的针对性和有效性
会员营销	通过会员系统收集顾客信息，分析顾客忠诚度和消费能力，制定会员专属的营销活动和服务方案，增强顾客黏性
社交媒体营销	利用社交媒体平台（如微信、微博等）分析顾客在社交媒体上的购买行为和兴趣点，制定符合顾客喜好的社交媒体营销策略，扩大品牌影响力

图9-13　精准营销策略

改善购物环境	根据顾客反馈和行为分析结果，改善商超的购物环境，如调整照明、温度、音乐等，营造舒适、愉悦的购物氛围
优化服务流程	通过顾客行为分析，识别服务流程中的瓶颈和痛点，如结账排队时间长、商品查找困难等，并采取相应的改进措施，提升服务效率和质量
增强互动体验	在商超内设置互动体验区或利用AR/VR等新技术手段，为顾客提供更加丰富的购物体验，增加购物的趣味性和吸引力

图9-14　提升顾客购物体验的措施

4.优化库存与供应链管理

根据顾客行为分析结果，商超可采取图9-15所示的措施来优化库存与供应链管理。

需求预测	基于顾客购买历史和销售趋势，进行需求预测，合理安排采购计划和库存水平，避免库存积压或缺货现象的发生
供应商管理	根据供应商表现和顾客反馈，对供应商进行评估和管理，选择优质供应商并与其建立长期合作关系，确保商品质量和供应的稳定性
物流优化	通过顾客行为分析，了解顾客对配送速度和服务的期望和要求，优化物流配送流程和服务质量，提高顾客满意度

图9-15　优化库存与供应链管理的措施

5.决策支持与持续改进

（1）数据驱动决策

将顾客行为分析结果作为决策的重要依据，支持商超在商品策略、价格策略、促销策略等方面进行决策制定。

（2）持续改进

定期回顾和分析顾客行为分析结果的应用效果，评估其对销售业绩和顾客满意度的影响，并根据评估结果不断调整和优化分析策略和应用方案。

> **小提示**
>
> 通过充分利用顾客行为分析结果，商超可以更加精准地把握市场需求和顾客需求，制定更加有效的营销策略和经营决策，从而提升销售业绩和顾客满意度。

第四节 向OAO新零售模式转型

随着消费者年龄、收入以及生活方式等多方面发生变化，消费者购物的全流程需求都发生了变化，个性化、品质化、方便快捷等成为消费者的核心诉求。为满足消费者多元化的购物需求，零售商开始迈向线上线下融合的全渠道零售模式，使得消费者能够随时、随地、随心、方便快捷地购买到自己所需要的商品和服务。

一、何为OAO模式

OAO全称为online and offline，即线上（网店）和线下（实体店）有机融合的一体化"双店"经营模式。该模式可将线上消费者引导至线下进行消费，也可将线下消费者引导至线上进行消费，从而实现线上线下的资源互通、信息互联、相互增值，是实体商业第四代交易模式和标准。

二、OAO模式的核心价值

OAO模式以实体商业为核心，通过线上线下融合，实现资源互通、信息互联、相互增值，从而拓宽消费渠道、扩大消费群体、改善经营模式、提高经济效益。其核心价值具体如图9-16所示。

资源互通	OAO模式实现了线上网店与线下实体店之间的资源互通，包括商品信息、库存信息、顾客信息等，提高了资源利用效率
信息互联	通过线上线下融合，商超可以实时掌握顾客的消费行为和偏好，为精准营销提供数据支持
相互增值	线上网店可以扩大销售范围，吸引更多潜在顾客；线下实体店可以提供优质的购物体验和服务，提升顾客忠诚度。两者相互补充，共同促进商超的发展

图9-16 商超OAO模式的核心价值

三、OAO模式的优势

OAO模式的优势如图9-17所示。

拓宽销售渠道	OAO模式将线上线下的销售渠道相结合，拓宽了销售范围，增加了销售机会
提升顾客体验	通过线上线下融合，顾客可以享受到更加便捷、个性化的购物体验。同时，线下实体店提供的优质服务也能增强顾客的信任感和忠诚度
实现精准营销	利用大数据分析技术，对顾客的消费行为、偏好和需求进行深度挖掘和分析，实现精准营销和个性化推荐
降低成本	通过线上线下融合，实现资源共享和流程优化，降低运营成本和管理成本
增强企业竞争力	OAO模式有助于企业实现线上线下融合创新，提升品牌影响力和市场竞争力

图9-17 OAO模式的优势

四、OAO模式的运作方式

OAO模式的运作方式如表9-4所示。

表9-4 OAO模式的运作方式

序号	运作方式	实施说明
1	线上引流	（1）利用线上平台（如官方网站、APP、社交媒体等）进行品牌宣传、商品展示和开展营销活动，吸引潜在顾客 （2）通过搜索引擎优化、广告投放、社交媒体推广等方式，提高线上曝光度和用户黏性

续表

序号	运作方式	实施说明
2	线下体验	（1）顾客在线上平台浏览商品信息后，可以选择到线下实体店进行实地体验、试穿试用或咨询 （2）线下实体店提供优质的购物环境和服务，增强顾客的购物体验和信任感
3	双向流量循环	（1）OAO模式打破单向流量模式，开启全新的双向流量循环模式。线上消费者可以被引导至线下实体店消费，线下实体店的消费者也可以被吸引至线上消费 （2）通过线上线下融合，形成一个高度自动化运行的营销闭环生态，实现资源共享和效益最大化

五、OAO模式的实现途径

商超实现OAO模式需要在构建线上平台、实现线上线下融合、提升用户体验、优化物流配送、加强营销与推广等多个方面努力，实现途径如表9-5所示。通过这些措施的实施，商超可以突破传统零售模式的限制，实现线上线下资源的互通和互补，提升经营效率和竞争力。

表9-5　OAO模式的实现途径

序号	实现途径	操作说明
1	构建线上平台	（1）建立官方网站或入驻电商平台。商超可以建立自己的官方网站或入驻主流电商平台（如天猫、京东等），作为线上销售的主要渠道 （2）开发移动端应用。开发手机APP或小程序，方便消费者随时随地浏览商品、下单购买
2	实现线上线下融合	（1）商品同步展示。确保线上网店与线下实体店的商品同步展示，包括价格、库存等信息，消除消费者在线上线下购物时的疑虑 （2）人网互动与人机互通。通过移动终端、个人计算机（PC）端、入户视频终端等载体，实现线上网店与线下实体店商品同步展示和人网互动，使消费者随时随地都能获取与线下实体店相同的信息和优惠，甚至与商家即时互动沟通 （3）订单与支付融合。无论是线上还是线下，都能下单购买和支付。线上订单可以支持到店自提或配送到家，线下订单可以支持线上支付或扫码支付
3	提升用户体验	（1）跨渠道、无缝化购物体验。提供跨渠道、无缝化的购物体验，让消费者无论在线上还是线下都能享受到一致的购物体验 （2）个性化推荐。利用大数据和人工智能技术，对消费者进行精准画像，提供个性化的商品推荐和优惠信息 （3）完善售后服务。建立完善的售后服务体系，包括退换货政策、客服咨询等，确保消费者在购买过程中遇到问题能够得到及时解决

续表

序号	实现途径	操作说明
4	优化物流配送	（1）快速配送服务。建立高效的物流配送体系，确保线上订单能够快速、准确地送达消费者手中 （2）允许到店自提。对于线上订单，消费者可以选择到店自提，提高购物便捷性
5	开展全渠道营销	（1）线上线下协同推广。通过线上线下协同推广的方式，提高品牌知名度和影响力。例如，线上平台可以投放广告吸引流量，线下实体店可以举办促销活动吸引顾客到店消费 （2）会员制度与积分管理。建立会员制度和积分管理系统，鼓励消费者成为会员并积极参与线上线下活动，提高消费者黏性和忠诚度